슈퍼 **기억력**의 **비밀**

THE SECRETS OF A SUPER MEMORY
by Eran Katz

Copyright © 2000 by Eran Katz
All rights reserved.

Korean Translation Copyright © 2008 by Goldenbough
Korean translation edition is published by arrangement with Eran Katz.

이 책의 한국어판 저작권은 Eran Katz와 독점 계약한
(주)황금가지에 있습니다.

저작권법에 의해 한국 내에서 보호를 받는 저작물이므로
무단 전재와 무단 복제를 금합니다.

기네스북에 오른 기억력 천재 에란 카츠

슈퍼 기억력의 비밀

에란 카츠 | 박미영 옮김

민음인

차례

시작하며 기억력이라는 소중한 재산을 위해 7

1부 | 기억력의 첫 번째 조건, 자신감
1. 기억에 대한 잘못된 믿음 13
2. 기억력을 대하는 새로운 자세 26

2부 | 잠자는 기억력에 시동을 걸자
1. 로니, 안녕! 아, 요니? 모니였던가? 53
2. 연상 작용으로 기억하는 법 64
3. 빨간 치마와 갈래머리 76
4. 구약성서의 전승 비밀 83
5. 장군 키케로의 기억법 90

3부 | 모든 것을 쉽게 기억하는 방법
1. 종이와 고지서 그리고 해야 할 일 103
2. 열쇠는 어디에? 이런, 손에 쥐고 있었잖아! 116
3. 숫자와 글자를 연결하여 기억하기 122
4. 전화번호를 이용한 기억력 훈련 129
5. 광장을 지나 왼쪽으로 136
6. 시험을 앞두고 142
7. 교사와 교수, 웅변가에게 유용한 기억법 155
8. 외국어 단어 기억하는 법 166
9. 얼굴과 이름을 함께 기억하는 법 171

4부 | 기억력 연습의 실제
1. 숫자에 맞추어 단어 기억하기 185
2. 카드 기억하기 189

맺으며 잊어버리기가 더 어려워지는 그날을 위해 193

시작하며

기억력이라는 소중한 재산을 위해

어느 날 저녁, 딸아이 갈리와 예루살렘 거리를 함께 걷고 있을 때였습니다. 그때 네 살밖에 되지 않은 갈리가 저를 깜짝 놀라게 했습니다.

"아빠, 1세켈(세켈은 이스라엘의 화폐 단위로, 1세켈은 약 258원 – 옮긴이)만 주세요."

"무엇에 쓰려고?"

"보리스에게 주려고요."

"보리스? 보리스가 누군데?"

"저 사람이에요. 저기서 연주하는 사람."

갈리가 조용한 목소리로 말했습니다.

저는 곧 그 사람이 거리에서 만돌린을 연주하는 사람이라는 것을 알게 되었습니다. 그런데 갈리가 어떻게 그 사람의 이름을 알고 있는지 놀라웠습니다. 갈리는 돈을 받아 가지고 그 남자 앞에 가서 머뭇거렸습니다. 그 남자는 잠깐 자기 악기를 정리하는 중인지 딸아이에게 주의를 돌리지 않는 것 같았습니다. 갈리는 그 남자에게 이렇게 말했습니다.

"보리스, 이거 받으세요."

남자는 갈리를 쳐다보며 놀란 얼굴로 이렇게 물었습니다.

"네가 어떻게 내 이름을 알고 있니?"

갈리는 이상하다는 듯 말했습니다.

"지난번에 말해 줬잖아요."

"그렇지만 어떻게 아직까지 기억하고 있니?"

남자는 놀라서 눈이 휘둥그레졌습니다. 딸아이는 고개를 갸우뚱했습니다. 그게 뭐 그리 놀랄 일이냐는 표정이었습니다. 말해 준 걸 기억한 건데 그게 그렇게 놀라운 일이냐는 듯이.

보리스는 만돌린을 들고 연주를 시작했습니다. 갈리는 쥐고 있던 돈을 바구니에 넣었습니다. 보리스는 연주를 마치고 난 뒤 바구니에서 돈을 다시 꺼내 갈리에게 돌려주었습니다.

"귀여운 아가씨, 당신을 위해 무료로 연주할게요."

거리의 악사는 왜 돈을 마다하고 행복한 모습으로 꼬마 아이를 위해 만돌린을 연주했을까요? 매일 수천 명의 사람이 그 길을 지나며 만돌린 연주를 듣지만, 아무도 그의 이름을 기억하는 사람은 없었기 때문입니다. 그는 갈리가 자기 이름을 기억해 주어 고맙다고 하면서 노래도 한 곡 무료로 들려주었습니다.

    기억력이 좋은 것은 중요한 재산입니다. 기억은 그것에 투자하고 그것을 믿고 관리하는 만큼 효과를 봅니다. 그리스, 로마 시대에도 사람들은 기억력을 증진시키는 방법에 대해 많은 관심을 보였습니다. 플라톤이나 아리스토텔레스뿐 아니라 다른 학자들도 인간의 기억력을 이해하며 기억력이 좋아지게 하는 효과적인 방법에 대해 연구했습니다.

    저는 이 책을 통해 제가 개발한 효과적인 기억 방법을 여러분에게 보여 주려고 합니다. 일상생활 속에서 간단하게 적용해 볼 수 있는 놀라운 방법들입니다. 제가 제안하는 방법과 아이디어를 통해 여러분의 기억력이 훨씬 더 좋아지길 바랍니다.

    이 책은 기억력을 증진시키는 방법을 가르쳐 주면서 동시에 그 방법을 실제로 보여 주려는 데 그 목적이 있습니다. 책 속에 실린 여러가지 연습 방법들은 반드시 직접 해 보고 넘어가기 바랍니다. 그대로 따라서 연습하면 점차 기억이 좋아지고 있다는 것을 느끼게 될 것입니다. 제가 알려 드린 방법을 꾸준히 사용하면 앞으로 여러분은 좀 더 많은 양의 정보와 지식을 갖고 생활할 수 있을 겁니다.

스스로의 기억력을 믿고 의지하세요. 기억하고자 한다면 무엇이든지 기억할 수 있습니다.

예루살렘에서
에란 카츠

1부

기억력의 첫 번째 조건, **자신감**

1 기억력에 대한 잘못된 믿음

이런 장면을 한번 생각해 봅시다.

쇼핑센터를 걷다 보면 수많은 사람들이 눈앞을 지나쳐 갑니다. 그 속에서 문득 한 사람이 눈에 띕니다. 잠깐, 왠지 아는 사람 같기는 한데 이름은 확실히 생각나지 않고 혀끝에서 맴돌기만 합니다. 눈을 가느다랗게 뜨고 양미간을 찌푸립니다. 그의 얼굴을 뚫어지게 바라보고는 스스로에게 말합니다.

'잘 생각해 봐. 어디서 만났는지 기억해 내라고.'

아무리 시간이 흘러도 이름이 떠오르지 않자, 항복했다는 듯이 두 손을 들고 말합니다.

"죄송합니다. 우리가 어디서 만났는지 잘 모르겠군요."

그러자 상대방은 친절하게도 기억을 떠올리도록 도와줍니다.

"두 달 전 두두네 집 파티에서 만났습니다. 아비 씨 맞으시죠?"

"와, 대단하시네요."

순간 목구멍으로부터 올라오는, 스스로에게 참을 수 없이 한심한 느낌. 그것을 꿀꺽 삼키면서 상황을 만회해 보려고 노력합니다.

"실례지만 로니, 아니 요니죠?"

"조하르인데요."

"아, 그래요. 생각이 날 것 같은데…… 음……."

애를 써 보지만 뜻대로 되지 않자 결국 사과합니다.

"미안합니다. 제 기억력이 엉망이라서."

어디서 많이 본 듯한 장면이라고요? 아마도 우리는 모두 한 번쯤은 이런 경험을 해 보았을 것입니다.

꼭 사람을 기억하지 못하는 일만 있는 건 아닙니다. 헬스클럽으로 가기 전, 옷을 갈아입으려고 잠깐 집에 들렀습니다. 운동복을 입고 수건, 비누, 지갑을 가방에 넣고 나가려고 하는데 열쇠가 보이지 않습니다. 열쇠를 어디에 둔 걸까요? 열쇠가 대체 어디에 있는 걸까요!

가방을 뒤집어 보고 식탁으로 갑니다. 거실, 침실, 소파와 침대를 샅샅이 뒤지다가 잠시 멈춰 서서 생각을 더듬어 봅니다.

"분명히 가방 속에 들어 있을 거야."

거실로 돌아가 다시 가방을 뒤져 봅니다. 물론 가방 속에는 없습니다. 그러다 문득 떠올립니다.

"그래! 이건 오늘 들고 갔던 가방이지. 열쇠는 어제 들고 나갔던 가방 속에 있을 거야."

어제 들고 나갔던 가방을 가져다 하나하나 빠짐없이 꺼내 뒤져 보았지만 그곳에도 열쇠는 없습니다.

"잠깐, 다시 생각해 봐야겠어. 집에 돌아와서 뭘 했지? 화장실에 갔을 뿐인데…… 도대체 어디 있는 거야! 가방에 있어야 하는데……."

그리하여 다시 가방을 뒤집어 물건을 하나하나 꺼냅니다. 그래도 열쇠는 없습니다.

결국 10분 전에 데리러 가기로 약속한 친구에게 전화를 겁니다.

"열쇠가 없어져서 못 나가고 있어. 머리가 녹슨 것 같아."

바로 그때, 전화기 옆 전화번호 수첩 아래에 열쇠가 있는 것을 봅니다. 안도의 한숨을 내쉽니다.

"그래서 결론이 뭡니까?"

여러분이 답을 내려 보십시오. 우리의 기억력이 나쁜 걸까요?

"당연하지요. 그러니까 이 책을 읽으려는 거 아닙니까?"

결론부터 말하자면 그렇지 않습니다. 대부분 우리는 스스로의 기억력이 나쁘다고 결론을 내립니다. 그것은 큰 착각이거나 실수입니다.

첫 번째 놀라움 – '나쁜 기억력'이란 없다

기억력은 좋다 나쁘다로 말할 수 있는 것이 아닙니다. 누군가가 유독 사람들의 얼굴과 이름을 기억하는 것을 어려워한다고 해서, 그의 모든 기억력 체계가 나쁘다고 말할 수 있을까요? 한 선생이 어제 친구와 나누었던 대화의 주제를 잊었다고 해서, 그가 내일 강의해야 할 내용조차 기억하지 못할 것이라고 장담할 수 있을까요.

기억의 분야는 서로 상관관계가 없습니다. 전화번호를 잘 기억하지 못하는 사람도, 라디오에서 꼭 한 번 들려주었을 뿐인 시를 암송할 수 있습니다. 문제는 기억력에 대한 사회적 관점이, 좋은 기억력과 나쁜 기억력 이 두 가지의 극단적인 가능성에 초점이 맞춰져 시작된다는 사실입니다. 특정 분야에서는 기억력이 좋고 다른 분야에서는 기억력이 떨어지는 경우는 도처에서 찾아볼 수 있습니다. 군대에서 한 소대가 특정 임무 수행에 실패했다고 가정합시다. 이것이 곧 군대 전체에 재활 훈련을 요구하고 참모장은 검열을 해야 한다는 뜻이 되지는 않습니다. 나는 이것을 '실패의 포인트'라고 부릅니다.

기억력도 마찬가지 문제입니다. "전화번호를 기억하는 것이 어렵다면 기억력이 나쁘다."는 가정을 굳이 증명할 필요는 없습니다. 다른 사안에 비해 유독 전화번호를 기억하는 것이 어려운 것뿐입니다. 우리의 기억력 중 약한 부분을 개선시켜 나가면 되기 때문에, 목표는 좀 더 쉬워집니다.

두 번째 놀라움 - 95퍼센트라는 놀라운 성공률

"그래서 결국 어쩌라는 겁니까?"

분명히 여러분은 어쩔 도리가 없다는 난감한 표정을 지으며 질문할 겁니다.

"열쇠를 어디에 두었는지 몰라서 일주일에 적어도 세 번은 30분씩 열쇠를 찾아야 한다면, 말할 필요도 없이 기억력이야말로 나의 약점이라는 뜻일 텐데요. 자기 물건 놔둔 데도 번번이 못 찾는다는 건 기억력이 약한 정도를 넘어 나사가 빠진 상태로 봐야 하지 않을까요."

이렇게 말할 수도 있습니다.

그러나 그건 단지 우리의 생각에 지나지 않는다는 것이 밝혀졌습니다. 우리는 인간의 기억력에 대해 잘 모르고 있습니다. 연구 결과에 따르면, 사람들의 이름을 잘 기억 못한다고 이야기하는 횟수가 많은 사람일수록, 실은 다른 사람들에 비해 남의 이름을 더 잘 기억한다고 합니다.

그럼 개인적인 생활에서 연구해 봅시다. 최근 한 달 동안 열쇠를 찾는 데 걸린 시간이 10분을 넘은 경우는 몇 번이나 됩니까? 세 번? 네 번? 아니면 열 번?

통계에 따르면 우리가 열쇠를 사용하는 횟수는 한 달에 150번이라고 합니다. 집에서 나갈 때, 차를 탈 때, 직장에서 사용하는 횟수를 포함하여 150번 정도에 이른다는 겁니다. 가장 나쁜 경우의 예를 들어 보기로 하지요.(사실 나 자신도 믿기 힘든 경우이긴 하지만) 한 달에 열 번 정도 열쇠를 어디에 두었는지 몰라 찾아다닌다고 가정하는 겁니다. 그렇다면 그것은 한 달에 나머지 140번쯤은 열쇠를 찾아 헤매지 않는다는 뜻입니다. 그건 95퍼센트의 성공이라고 볼 수 있습니다. '실패'로 생각되는 기억력인데도 막상 구체적으로 횟수로 따져 보면 95퍼센트의 '성공'인 거죠. 놀라운 수치입니다. 우리가 진행하는 모든 일들이 이 정도로만 성공률이 높다면 얼마나 좋겠습니까?

아무리 기억력이 나빠 보이더라도 그 실패율은 5퍼센트밖에 되지 않습니다. 그렇다면 우리는 왜 자신의 기억력이 나쁘다고 생각하는 것일까요?

이유는 두 가지입니다. 첫째 이유는 일상생활의 많은 경우에서 찾아볼 수 있는데, 작은 실수로 인해 어쩌다 성공을 하지 못하는 경우가 있습니다.

성적표를 받고 펼쳐 보았을 때 모든 과목에 "참 잘했어요."라고 씌어 있는데 한 과목만 "노력하세요."라고 씌어 있다면, 우리는 어느 정도 실패했다는 느낌을 갖게 될 겁니다. 큰맘 먹고 새 차를 뽑았는데 차의 앞부분에 작게 긁힌 자국을 발견했다면 화가 나기도 하고 그 새 차 전체가 실망스러울 수도 있습니다.

휴가 때 홍해에 있는 고급 호텔의 특실에 갔는데 욕실 바닥에 검정색 머리카락이 한 올 떨어져 있습니다. 이걸 본 순간 호텔 전체가 청결하지 못하다는 생각이 들고 홍해도 지저분할 것만 같습니다.

우리 모두 그렇습니다. 예민하고 완벽을 추구하는 사람들은 종종 과장을 하는 경향이 있습니다. 5퍼센트의 발생률이 무섭게 부풀려져 열쇠를 찾아다니는 일이 '실패'로 기억되는 것입니다. 사실 5퍼센트에 속한 기억력도 실패는 아닙니다. 어찌 되었든 결과적으로 열쇠를 찾았다면, 그것은 기억력이 빠른 속도로 작동하지 못하고 시간만 약간 더 걸렸다는 뜻이니까요.

두 번째 핵심이 되는 문제는 실패 포인트를 삶의 관점 즉, 철학적인 관점으로 뒤집어 보는 경향이 있다는 것입니다. 우리는 실패하는 분야의 기억에 대해 부정적인 시각을 갖고 발전시켜 갑니다. 열쇠의 경우처럼 사람들의 기억력에 대해서도 통계적인 자료가 있습니다. 매달 우리는 수백 명의 사람을 만나고 그들의 얼굴과 다양한 신상 내용을 기억합니다. 그런데 한 달 정도 지나면 그중 다섯 명도 기억하지 못합니다. 이런 경우 일반적으로 우리는 이 분야에 있어서 우리의 기억력이 완전히 실패라는 결론을 내립니다.

그 밖에도 바로 앞에 서 있는 사람을 정확하게 기억해 내야 하는 경우는 정말 큰 문제입니다. 이런 상황에서는 스트레스를 받기 때문에 대부분의 사람들은 당황해서 실수를 저지르게 되고 상대방에게 사과를 합니다. 상대방의 이름을 기억하지 못한 데에 신경이 쓰여서 그 만남 자체가 민망해지는 경우가 있습니다. 그럴 때 우리는 이렇게 사과합니다.

"죄송합니다. 제 기억력이 엉망이라서."

왜 이것이 큰 실수가 되는 것일까요? 한 번 두 번 사과를 하다 보면 우리는 서서히 사람들의 이름을 기억하는 능력이 나쁘다는 내면적인 확신을 갖게 되기 때문입니다.

이러한 과정이 우리로 하여금 기억력에 대한 부정적인 생각을 갖게 합니다. 방어적인 태도로, 기억력이 나쁜 건 어쩔 도리가 없다며 스스로를 변호합니다. 그 이후 같은 일이 생기면 별로 신경 쓰지도 않고 사람들의 이름을 기억하려고 노력하지도 않습니다. 회의든 임무든 노력할 필요가 없다고 생각하게 됩니다.

'뭘 어떻게 해도 기억하지 못하겠지. 괜찮아, 사과하면 되니까.'

우리는 무엇인가를 잊었을 때 신상에 관련된 다양한 이유를 대며 변명을 합니다.

"병에 걸렸다가 나은 지 얼마 안 됐어요."

"머릿속이 여러 가지 일로 꽉 차서 도무지 기억이 나질 않네요."

머리의 용량이 너무 적어서 사람들과의 약속을 억지로 입력시켜서 기억해야 한다는 겁니다. 가장 귀여운 핑계는 나이로 둘러대는 것입니다.

"그래도 젊었을 때는 머리가 잘 돌아갔는데……."

또 다른 놀라움 - 나이는 핑계다!

여러분 중 누군가는 불쾌한 마음으로 이렇게 이야기할지 모릅니다.

"잠깐, 알츠하이머병이 나이와 기억력 사이의 관계를 증명하지 않나요?"

그렇습니다. 나이에 따른 신체적 변화가 기억력에 해를 끼칠 수 있습니다. 하지만 우리는 의사가 아니기 때문에 이것이 모든 사람에게 반드시 해당되는지는 잘 알지 못합니다.

나는 여러분 중 다음과 같은 사람들에 대해 말하는 것입니다. 사무실에서 일을 마치고 집으로 돌아왔는데, 저녁에 집에서 읽으려고 했던 서류를 깜빡 잊고 사무실에 두고 온 것을 알게 되면 식구들에게 이렇게 말하는 분들.

"나이는 못 속인다니까……."

이렇게 나이를 핑계 대는 분들 말입니다.

작은 실험을 한번 해 보실까요?

집 근처 아무 초등학교나 찾아가 보십시오. 수업이 끝날 때쯤 교실에 들어가서 직접 눈으로 확인해 보십시오. 기억력은 나이와 관계가 없다는 것을 알게 될 겁니다. 아이들이 집으로 돌아갈 때 잊고 가져가지 않은 가방, 공책, 외투, 여러 가지 학용품을 발견하게 될 것입니다.

일곱 살 어린이가 책상 위에 놓아두었던 필통을 잊어버리고 집으로 가져오지 않은 경우와, 불혹을 넘긴 사장님이 사무실에서 서류를 잊고 가져오지 않은 경우. 이 둘의 차이점이 있다면, 일곱 살짜리 학생은 집에 돌아와서 이렇게 말하지 않는다는 겁니다.

"엄마, 어떻게 해요. 나이는 못 속인다니까요."

우리의 기억력에는 한계가 없다

인간의 기억력은 이론적으로는 한계가 있다고 하지만, 우리가 살아 있는 동안 그 한계에 도달하는 일은 없을 것입니다.

여러분은 이런 핑계를 종종 댈 것입니다.

"생각해야 할 일이 너무 많아서 잊어버렸어요."

그럴듯한 이야기로 들립니다.

"너무 많은 것을 기억하는 건 부담스러워요."

우리는 기억하려고 노력하는 대신, 슈퍼마켓에 가서 사야 하는 물건의 목록이나 사람들의 전화번호를 종이에 적습니다. 이렇게 하는 것을 더 선호하는 이유는 우리의 기억력이 부족하다고 믿고 있기 때문입니다. 사실 많은 경우 시장에서 구입할 물건을 종이에 메모해서 그때그때 꺼내 보는 일이 부족한 기억을 돕는다고 느낍니다.

"내가 무엇인가를 꼭 기억하려고 노력해야 한다면, 이왕이면 정말 중요한 일이었으면 좋겠어요."

우리는 며칠에 한 번은 완전히 새롭고 다른 사건이나 일정을 기억해야 합니다. 그 가짓수는 어느 정도나 될까요. 30개? 100개? 1000개?

인간의 뇌는 신비로워서, 노력 없이도 방대한 양의 정보를 흡수합니다. 우리는 느끼지는 못하지만 매일 수십만 개의 정보를 기억합니다. 새로 배운 학습 과정, 라디오에서 들은 뉴스, 사람들과 나눈 이야기, 새로운 경치, 새롭게 들은 목소리, 새로운 감정, 생각과 아이디어…… 이 모든 것을 기억 속에 흡수시켜 뇌에서 고정적으로 사용할 수 있도록 분류합니다. 우리는 실제로 본 적이 없는 공룡, 핵폭탄, 바르 코흐바의 반란,(서기 132~135년에 로마에 대항한 유태 민족의 반란 – 옮긴이) 와인 생산지 등에 대해서 기억만 가지고도 몇 장은 쓸 수 있습니다. 우리가 잊어버리는 것들은 사실은 우리 기억의 바다에 있는 작은 물방울에 지나지 않는 것입니다. 우리가 같은 일을 계속 잊어버리는 데에 관심을 갖고 이야기하는 이유는, 그 현상 자체가 흔치 않은 일이기 때문입니다.

이것으로도 설명이 충분치 않다면 다른 얘기를 해 보겠습니다.

죽을 때까지 우리가 사용하는 기억력은 우리가 가지고 있는 기억 능력의 10퍼센트에도 미치지 못한다고 합니다. 계산을 해 보도록 합시다. 인간은 매일 알게 모르게 수십만 개의 새로운 기억을 가질 수 있습니다. 그것에 우리가 몇 년 더 살 수 있는지 수명을 곱합니다. 어떤 숫자가 나오나요? 이런 숫자는 아마 미처 생각 못했을 것입니다. 이 놀라운 능력이 우리 뇌의 10퍼센트에 모여 있는 것입니다. 우리 뇌의 90퍼센트가 넘는 부분은 사용조차 되지 않고 있는 것입니다.(그보다 더 많은 부분이 사용되지 않고 있다고 느끼는 사람들도 있습니다.)

시장에서 살 물건을 메모해서 한번 사용하는 것이 여러분의 기억에 짐을 더는 것이라고 생각하나요? 그 메모는 여러분의 기억을 크게 도와주지 못합니다. 그건 단지 심리적인 문제입니다. 오히려 메모를 챙기기 위해 시간과 정신적인 노력이 더 요구될 것입니다.

여러분이 이 책을 읽고 나서는, 종이에 메모하는 것보다 더 빨리 장보기 목록을 기억하게 될 것입니다. 물건을 사고 난 후에도 며칠 동안 잊어버리지 않게 될 수도 있습니다.

새로운 사실을 기억하고 싶을 때 자신의 기억을 의지하기보다는 메모 같은 보조 수단을 쓰는데, 이미 내재된 기억을 뒤질 때도 그러곤 합니다. 우리는 우리 자신의 기억을 믿기보다는 다른 사람의 기억을 믿는 경우가 더 많습니다. 내가 아는 세 명의 친구들은 분명히 기억한다면서 007 시리즈 「네버 세이 네버 어게인」에서 로저 무어가 본드 역으로 나왔다고 말한 적이 있습니다. 나는 숀 코네리라고 했지요. 정답은 숀 코네리였습니다.

지금부터 여러분은 스스로의 기억을 믿고 의지하세요. 기억은 여러분을 실망시키지 않고 잘 지켜 줄 것입니다. "나는 기억력이 너무 나빠."라든가 "기억력이 예전 같지 않아."라는 말은 하지 않도록 하세요. 부정적인 말은 피하세요. 공부하는 동안 부정적인 자세를 긍정적인 자세로 바꾸어 보세요.

2 기억력을 대하는 새로운 자세

1단계 - 강한 동기 부여, 기억력의 실마리

나는 대학생이었을 때 다른 이들의 기억력이 좋아지도록 도와주는 두뇌 자극 교육을 아르바이트로 한 적이 있습니다. 한 번은 연세가 많은 노부인 댁에 가게 되었는데, 그분은 자녀가 없었습니다. 한 시간 30분 정도 그분에게 문제가 되는 일들을 쉽게 기억하실 수 있도록 방법을 설명해 드렸습니다. 그 내용은 외출할 때 문을 잠그고 나가기, 약 먹는 시간 지키기, 의사에게 진료 받으러 가는 날 기억하기 등이었습니다.

그러나 그 수업은 정말 어디로 튈지 알 수 없었습니다. 내가 설명을 하면 노부인은 당신 이야기만 하곤 했습니다. 주로 어렸을 때 이야기나 가족 이야기 등 기억력 향상과는 전혀 관계가 없는 이야기였습니다.

그 수업이 끝나고 나서 일주일 뒤, 길에서 우연히 노부인을 만나 인사했습니다. 노부인은 놀란 듯 나를 쳐다보고는 말했습니다.

"우리가 만난 적 있던가요? 날 알아요?"

그분은 나를 전혀 기억하지 못했습니다.

이 이야기는 보는 시각에 따라 웃고 넘어갈 수도 있고 슬플 수도 있습니다. 이 이야기를 하는 이유는 여기에 참고로 할 만한 사실이 들어 있기 때문입니다.

무엇이든 간절히 바라는 게 아니면 목표를 세우고 그것을 달성하는 일이 불가능합니다. 그 노부인은 기억력 증진 수업을 원했던 것이 아닙니다. 외로워서 친구가 되어 줄 사람을 찾으셨던 거지요. 말벗이 필요해서 내게 수업을 요청했을 뿐, 애당초 기억력 향상 수업에는 전혀 관심이 없었던 것입니다.

우리는 모두 이런 이야기를 들어 본 적이 있습니다.

"말을 물가로 끌고 갈 수는 있어도 물을 먹일 수는 없다."

원하지 않는 사람은 어떤 일도 할 수 없습니다. 내가 여러분에게 이 세상에서 가장 훌륭한 기술을 전수한다 하더라도, 여러분 자신의 기억력이 좋다는 것을 믿지 않는다면 그 어떤 효과도 보지 못할 것입니다.

기억에 대한 고정관념으로부터 벗어난다는 것은 쉬운 일이 아닙니다. 타자기가 워드 프로세서로 바뀐 과정을 기억하고 있는지요. 타자기로 일하는 것이 익숙했던 많은 사람들에게 이 과정은 심리적으로 감당하기 힘든 큰 변화였습니다. 그러나 결국 기능이 뛰어난 컴퓨터 워드 프로세서의 출현으로 우리 삶의 질도 놀라울 만큼 좋아졌습니다. 우리의 기억도 이와 마찬가지입니다. 기억은 우리를 도와주는 의미 있는 도구로서, 여러 분야에서 빛을 발할 것입니다.

기억력이 좋아지게 하려면 기억을 못한다, 기억이 잘 되지 않는다는 부정적인 생각을 버리고 기억을 잘하려는 강한 의지와 기억을 잘할 수 있다는 믿음이 필요합니다. 부정적인 생각은 같은 실패가 반복되면서 생깁니다. 상대방은 나를 기억하는데 나는 그를 기억하지 못했을 때, 시험 바로 전날 시험과 관련된 자료를 두고 왔을 때, 중요한 회의를 완전히 잊었을 때 머리를 한 대 얻어맞은 느낌이 듭니다. 이런 상황을 겪으면서 부정적인 피드백을 받게 되는데, 그렇게 되면 기억에 대해 부정적인 자세를 갖게 되고 기억을 좋아지게 하려는 열의를 잃어 동기 부여가 되지 않습니다.

어떤 상황에서 동기 부여가 잘 될까요? 우리의 삶 속에서 스스로에게 긍정적인 힘과 자세를 갖게 해 주었던 순간을 기억해 보도록 합시다.

2단계 - 긍정적인 자세, 동기 부여의 시작

여러분의 삶 속에서 성공을 거두었던 순간을 떠올려 보세요. 열 명의 지원자 중 한 사람을 뽑는 면접에 자신이 선택되었을 때, 일을 잘해서 포상을 받았을 때, 복잡한 협상을 성공적으로 이끌었을 때, 시험에서 높은 점수를 받았을 때 성공을 거두었다는 생각을 했을 것입니다. 성공의 절정에 선다는 것은 암벽을 타고 산의 정상에 오르는 것과 같습니다. 그곳에 도달하면 안정감을 느끼게 되고 능력과 욕구를 유지시켜 더욱더 발전하려고 합니다. 이렇게 성공을 하고 나면 우리가 필요했던 피드백을 상으로 받게 되고 삶의 다른 부분, 힘들고 어려운 부분에 강한 동기 부여를 해서 그것이 계속되도록 합니다.

기억에 대해서도 마찬가지입니다. 앞에서 이름을 기억하지 못해서 사과했던 사람들의 경우에 대해 이야기했는데, 이때 상대방은 내 이름을 성공적으로 기억해 낸 것이 우리에게는 실패감을 맛보게 할 것입니다. 그렇다면 반대의 경우는 어떨까요? 우리 모두에게 일어나는 일입니다. 그 느낌을 기억하고 있나요?

"우리가 어디서 만났나요?"

상대방이 기억해 내려고 노력했다면, 여러분은 성공을 예감하고 어떤 답을 해야 할지 준비한 후 이렇게 말할 겁니다.

"1년 전 회사에서 등산을 갔을 때 만났죠. 도론 씨죠? 그렇죠?"

여러분의 이야기를 듣고 상대방은 기억을 떠올리며 이렇게 말할 겁니다.

"대단하시네요. 기억력이 정말 좋으시군요."

"감사합니다."

그에게 자신 있게 악수를 청하는 여러분의 모습을 마음속으로 생각해 보세요. 1대 0으로 여러분이 승리를 거둔 것입니다.

다음 날 또는 일주일 후 여러분이 각각 다른 사람들을 만났는데, 그때마다 상대방을 잘 기억해서 기억력에 대해 칭찬을 받고 긍정적인 반응을 보게 된다면 어떨까요? 사람들은 자신이 기억하는 부분과 관련된 분야에 긍정적인 자세를 갖게 되고 점점 더 발전을 하게 됩니다. 새로운 사람들의 이름과 신상 내용을 기억하는 데에 강한 동기 부여를 하면 기억력에 대해 더욱 큰 확신과 믿음을 갖게 될 것입니다.

우리 모두에게는 '기억의 종'이라는 것이 있습니다. '기억의 종'은 어떤 특별한 경우에는 종이 울리고 그렇지 않은 경우에는 종이 울리지 않습니다. 요즘 유행하는 가요에 대한 기억력이 좋다는 칭찬을 많이 받았다면 라디오에서 새로운 노래가 들려올 때마다 기억의 종이 울릴 겁니다. 종이 울리면서 스스로에게 이런 소리가 들려오는 듯할 것입니다.

"음악을 잘 들으면서 노래를 부르는 밴드 이름이 무엇인지 기억하세요. 당신은 대단한 기억력을 가지고 있으니까요."

항상 다른 사람들의 생일을 잊어버리기 때문에 아무리 해도

기억 못할 거라는 부정적인 생각을 하고 있는 경우, 다른 누군가가,

"다음 주 목요일이 내 생일이야."

이렇게 말하더라도 여러분의 종은 그 자리에 얼어붙은 채로 이렇게 말할 겁니다.

"귀찮게 하지 말고 내버려 두라고. 어떻게 해도 기억하지 못할 테니까. 그 분야에 있어서 당신의 기억력은 형편없잖아."

기억력은 어떤 자세를 가지고 그 기능을 수행하느냐에 달려 있습니다. 기억력이 강하다고 생각하는 분야, 항상 협력하는 지혜가 필요한 분야, 기억력이 약한 분야에 대한 우리의 생각과 자세를 바꾸는 것도 필요합니다. 다음에 이름을 기억하지 못했던 사람을 만나면 사과하지 마세요. 그를 쳐다보면서 다음번에는 그의 이름을 기억해서 이야기하겠다고 마음을 먹고 이렇게 다짐하는 겁니다.

"다음에 만나면 당신 이름을 꼭 기억하고 있을 거예요."

그렇게 마음을 먹으면, 기억의 종을 준비해 두었으니까 꼭 기억하게 될 겁니다. 혹시 이에 대해 의심이 간다면 걱정하지 마세요. 사람의 이름과 얼굴을 기억하는 방법을 다루면서 실제로 배우게 될 겁니다.

앞으로는 집에서 열쇠를 찾을 때 화를 내거나 신경질을 부리지 마세요. 15분이면 열쇠를 찾을 수 있습니다. 이런 경우는

통계 상으로도 그리 흔하지 않습니다. 모든 일을 다 젖혀 두고 하루 일과를 돌아보세요. 사람들과의 약속을 잊은 것도 해야 할 과제를 잊은 것도, 제출할 서류를 잊은 것도 모두 마찬가지입니다. 사과하지 마세요. 단호하게 이렇게 말하는 겁니다.

"다음에 다시는 이런 일 없을 겁니다."

3단계 - 진정한 잠재력, 발전해 가는 동기

자신감이 많은 사람은 그렇지 않은 사람보다 성공할 수 있는 능력도 더 많습니다. 그들은 그들 자신의 잠재력이 무궁무진하다는 것을 알고 있으며, 자신이 가지고 있는 큰 힘을 믿기 때문에 실패를 두려워하지 않습니다.

무하마드 알리는 전 세계 권투 헤비급 챔피언입니다. 알리는 수다스럽고 거만한 사람으로 알려져 있습니다. 그는 기회가 있을 때마다 자신은 세상 누구보다 잘났다고 으스댔습니다. 한번은 그의 거만한 태도에 신물이 난 나이 든 기자가 그에게 물었습니다.

"알리 씨, 골프는 잘 치십니까?"

"세계 최고일 겁니다. 아직 골프 치러 나가 본 적은 없지만."

알리가 자신감에 넘치는 목소리로 대답했습니다.

무하마드 알리는 물론 농담을 섞어 이야기한 것이지만, 이런 자세는 그가 어떤 일을 하든 성공하려는 의지가 있음을 보여 주는 것이기도 합니다.

　멕시코를 여행하는 관광객들의 눈을 끄는 것이 있는데, 그것은 길들여진 벼룩이라는 것입니다. 길들여진 벼룩은 뚜껑이 열린 유리병 속에서 열린 출구까지만 뛰어오릅니다. 밖으로 탈출할 정도로 뛰어오르지는 않습니다. 벼룩은 왜 밖으로 나가지 않을까요? 제대로 길들여져 있기 때문입니다.

　길들여지는 과정은 다음과 같습니다. 벼룩을 유리병에 넣고 뚜껑을 닫습니다. 벼룩은 새로운 상황이 닥쳤으나 좌절하지 않고 있는 힘을 다해 밖으로 나가려고 무진 애를 씁니다. 자유를 얻으려고 뛰어오르지만 병뚜껑에 부딪혀 아래로 내려옵니다. 벼룩은 다시 행운을 잡아 보려고 노력합니다. 몇 시간이나 작은 머리를 뚜껑에 부딪치며 아래로 떨어지고 다시 행운을 붙들어 보려고 노력합니다.

　몇 시간이 흐른 뒤 벼룩은 밖으로 나가는 것을 막는 뚜껑이 있다는 것을 깨닫기 시작합니다. 그리하여 마침내 큰 결정을 내립니다. 일정한 높이까지 올라가서 뚜껑에 부딪치는 일이 없도록 하는 것입니다. 벼룩은 뚜껑 아래 1밀리미터 전까지 뛰어오릅니다. 위에 장애물이 있다는 것을 깨닫고 자신이 만족할 만한 높이, 머리를 부딪치지 않을 만한 높이까지만 뛰겠다고 결정하는 것입니다.

　이 단계가 되면 벼룩이 밖으로 나가는 일이 없기 때문에 유리병의 뚜껑을 벗겨 내도 됩니다. 벼룩은 자기 머리 위에 밖으로 나갈 자유를 막는 뚜껑이 있다고 계속 생각할 것이기 때문입니다.

역사적인 인물들 가운데는 자신들의 잠재력을 새롭게 발견한 예가 많습니다. 위를 쳐다보고 뚜껑이 열려 있다는 것을 알아차려 있는 힘껏 뛰어오르는 사람들도 있고, 태어날 때부터 기억력이 좋지는 않았지만 꾸준히 발전시킨 사람들도 있습니다. 그들은 나이가 들어가면서도 계속해서 기억력을 발전시켜 갑니다.

시각 장애인이 쉽게 기억할 수 있도록 도와줄 방법에 대해 생각해 본 적 있나요? 그들은 슈퍼에 갈 때 필요한 물건을 종이에 메모해서 가지고 가지 않습니다. 읽을 수가 없기 때문입니다. 기억에 의존할 수밖에 없기 때문에 굳이 메모할 필요가 없습니다. 친구의 전화번호가 바뀌었다고 하면 그 전화번호를 종이에 적지 않습니다. 기억해야만 합니다. 그것 말고는 달리 방법이 없으니까요.

시각 장애인의 예가 여러분에게 큰 도움이 되지 못했다면, 이탈리아의 지휘자 아르투어 토스카니니의 이야기를 해 보기로 합시다. 토스카니니는 점차 시력을 잃어 가고 있었는데, 사랑하는 음악을 계속하고 지휘를 하기 위해 기억력을 발전시켜 오케스트라를 지휘했습니다. 그가 보여 준 기억력에 대한 일화가 많이 있는데 그중 하나를 소개합니다. 중요한 연주회가 있는 저녁, 한 연주자가 토스카니니를 찾아왔습니다. 자기 악기가 망가져 '솔' 음을 낼 수 없기 때문에 그날 밤 연주를 할 수 없다는 사연이었습니다. 토스카니니는 잠시 생각하더니 이렇게 말했습니다.

"연주해도 됩니다. 오늘 밤 당신이 연주하는 부분에는 '솔' 음이 없으니까."

토스카니니는 교향곡 전체를 악보 없이 연주했습니다.

찰스 엘리엇은 40년 동안 하버드 대학교의 총장이었는데, 그는 대학에서 공부하는 모든 학생들의 이름을 기억했습니다. 한때 절친한 동료 교수들의 이름을 기억하지 못해 민망한 상황을 겪은 뒤, 기억력을 발전시켜 사람들의 이름을 경이로울 정도로 잘 기억하게 되었습니다. 엘리엇 총장은 강한 동기를 부여해서 사람들의 이름을 기억하게 된 것입니다. 그것은 자신이 처한 상황을 바꾸기 위한 전략적인 결정이었습니다.

미국 작은 마을에 중년의 아르메니아 이민자가 있었는데, 그녀는 대단한 기억력의 소유자로 세상에 알려지게 되었습니다. 그녀와 남편은 작은 식료품 가게를 하고 있었는데 가게 경영은 주로 남편이 맡아 했습니다. 그러던 중 남편이 세상을 떠나자 부인이 혼자 가게를 경영해야 하는 상황에 놓였습니다. 문제는 그 부인이 글자와 숫자를 읽고 쓸 줄 모른다는 것이었습니다. 읽고 쓸 줄 모르니 회계장부도 작성하지 못했습니다. 가게를 팔기로 결정한 그녀는 그동안 외상 거래를 한 단골들에게 서명을 하라고 했습니다. 그녀는 한 사람, 한 사람 정확하게 그들이 갚아야 하는 금액을 모두 기억하고 있었습니다. 가게를 경영하면서 적자를 낸 게 아니라 오히려 기억력이 발달하게 된 것입니다. 그녀는 숫자와 사람 이름에 대단한 기억력을 가지고 태어난 것이 아닙니다. 자신이 그렇게 대단한 기억을 할 수 있는지조차도 몰랐는데, 스스로 뚜껑을 깨고 기억을 하면서 뛰어오른 것입니다.

지금까지의 사례들은 모두 평범한 기억력을 가지고 태어난 사람들이 기억력을 발전시켜 간 예입니다. 이 일들은 나이가 들어서도 원하기만 하면 기억력을 발전시킬 수 있다는 것을 보여 줍니다.

동기 부여는 명확한 목표를 가지고 특정한 무언가를 기억하려고 노력하는 것입니다. 여러분은 각자 자신이 잘하는 분야와 약한 분야를 알고 있을 것입니다. 여러분이 특별하게 약한 분야가 어떤 것인지 정한 후 그것에 대해 관심을 갖고 시작하십시오. 약하다고 생각했던 분야의 기억력이 월등히 좋아지면 어떤 이익을 얻을지 생각해 보는 것입니다. 그 목표를 달성하고 나면 다음 분야로 넘어갑니다.

지금까지 몇 가지 중요한 이야기를 언급했습니다.

1. 우리의 기억력은 우리가 생각하는 것보다 좋다.
2. 가끔 실패를 해도 좋다.
3. 실패한 기억 때문에 자책하지 말고 스스로 기억에 대한 확신을 가지고 믿어 주면, 기억은 우리를 실망시키지 않는다.
4. 긍정적인 자세는 놀라운 결과를 가져다준다.
5. 한계가 없다고 믿게 되면 온 마음을 다해 기억을 위한 노력을 즐기게 되며, 그 결과는 우리를 놀라게 할 것이다.

기억력이 '꼭 필요한 물건'이라고 여긴다면 지금까지 나는 여러분에게 기억력을 팔기 위해 노력했습니다. 우리는 지금까지 기억력의 특징과 성격에 대해 이야기했고 몇 가지 선입견도 깨뜨렸습니다. 나는 여러분이 가장 좋은 가격으로 이 기억력을 구입하길 바랍니다.

어떤 물건을 구입할 때 우리는 시장조사를 하고 그와 비슷한 물건을 찾아 비교해 봅니다. 물건을 팔면서 느끼는 즐거움에 대해서는 아직 언급하지 않았습니다. 여러분이 이 책을 읽고 나면, 자신이 가지고 있는 '물건'으로 무엇을 할 수 있는지 이야기해 주려고 합니다.

훈련된 기억력의 도움을 받아 할 수 있는 일은 다음과 같습니다.

- 파티에서 50명의 사람들을 만나고 나서 그들의 이름과 신상 명세를 파악한 후 몇 년이 지난 후에도 기억하기
- 전화번호부 없이 수백 명의 전화번호를 기억하기
- 많은 양의 학습 자료를 단 한 번 읽고 나서 그 내용 기억하기
- 대중 앞에서 메모나 파워포인트, 그 외의 자료 없이 이야기하기
- 집이 정리 정돈되어 있지 않아도 물건이 어디 있는지 알아맞히기
- 100개의 단어를 한 번 읽고 나서 앞에서 뒤로, 뒤에서 앞으로 순서대로 단어를 알아맞히기. 그 목록 가운데 47번째 단어가 무엇인지 즉각 알아맞힐 수도 있으며, 100개의 단어 중 한 개를 말하면 그 단어가 몇 번째에 있는지도 알아맞힐 수 있다.
- 다이어리를 보지 않고 4개월 뒤의 회의 일정 기억하기

이 모든 것은 한 번에 이루어지지 않습니다. 훈련과 연습이 필요합니다. 운동을 할 때도 차근차근 근육을 다지지 않은 사람에게 갑자기 42.195킬로미터를 뛰게 하지 않습니다. 발성 연습을 하지 않은 상태로 1시간 30분 가까이 노래를 부르게 하지 않듯, 기억력도 단계적으로 연습을 해야 할 필요가 있습니다. 훈련 과정은 빠르고 효과적이어서 이 책의 결론 부분을 읽을 때쯤에는 조금씩 결과가 나타날 것입니다. 책에서 소개하는 방법으로 연습하면 이 책을 마칠 무렵에는 여러분의 기억 능력이 50퍼센트 정도 향상되어 있을 것입니다. 그것보다

더 좋아졌을 수도 있습니다.

새로운 기억력을 갖게 될 거라는 생각이 들지 않습니까? 아직도 믿지 못하고 미심쩍어하는 분들이 있을 겁니다. 그런 분들의 마음을 이해합니다. 그분들도 점차 생각이 바뀌게 될 것입니다. 여러분이 믿고 의지하는 물건을 샀으니 이제는 그것을 사용해 보고 싶을 겁니다.

한 가지, 이 책은 절대 존 그리샴의 미스터리 소설이 아니라는 것을 강조하고 싶습니다. 책의 마지막 장만 대충 읽고 말면 효과를 볼 수 없습니다. 뛰어난 기억력의 비밀을 알고자 하는 굳은 의지와 희망을 갖고 노력한다면 제가 약속했던 모든 사항에 그것을 적용해 볼 수 있게 될 것입니다. 몇 가지 기본적이고 단순한 원리를 배우고 나서 실제적인 기술을 익혀 보도록 하겠습니다.

3 깜짝 테스트: 짧은 기억력 체크하기

　이 책의 결론 부분에 도달하면 기억력 연습을 일상적으로 실천하게 될 것입니다. 여러분의 기억력이 얼마나 눈에 띄게 좋아졌는지 알기 위해서는, 현재 여러분의 기억력 상태와 이 책을 마칠 때 여러분의 기억력 상태를 비교해 보아야 합니다.

　이것은 과학적인 방법을 적용한 테스트는 아닙니다. 정신적, 신체적으로 긴장해야 하는 테스트가 아니라는 뜻입니다. 다양한 기억 능력을 연속적으로 측정하는 것입니다. 그 결과를 보면 같은 분야에서 기억력이 얼마나 발전했는지 알 수 있게 될 것입니다.

　지금 나온 이 결과에 대해서 지나치게 신경 쓰지 않기를 바랍니다. 누구나 첫 시도했을 때의 결과는 대부분 그다지 좋지 않습니다. 아직 감이 잘 잡히지 않기도 할 것입니다. 그것은 아직까지 기억력 연습의 실제를 배우지 않았기 때문입니다. 제 목표는 저와 함께 학습하면서 여러분의 기억력이 가면 갈수록 좋아지는 것을 여러분 스스로 느끼고 보게 되는 것입니다. 이렇게 발전해 가는 모습이 여러분에게 기억력에 대한 자신감을 갖게 할 것입니다. 기억력이 더 좋아지도록 노력해서 성공을 거둘 수 있도록, 강한 동기 부여를 할 것입니다.

한 가지 제안을 하려고 합니다. 기억력 체크하기를 미루지 말고 지금 바로 풀어 보세요. 앞으로도 이와 같은 기억력 테스트를 받을 일은 그리 많지 않을 것입니다. 이 기억력 테스트는 여러분이 얼마나 기억력이 뛰어난가를 알아보는 것이 아닙니다. 목표는 여러분의 기억력이 매일 매일의 일상생활에서 얼마나 훈련되어 있는가를 알아보려는 것입니다. 자, 이제 연필과 시계를 준비한 뒤 조용하고 편안한 곳에 가서 시작해 봅시다.

Test 1

다음에 주어지는 단어들은 한 번만 읽으세요. 그리고 나서 기억한 단어를 순서대로 적어 보세요.
테스트를 하는 두 가지 목적이 있습니다.

1. 많은 양을 기억하기
2. 순서에 따라 기억하기

2분 동안 다음을 보고 나서 테스트를 합니다. 이 책의 47쪽으로 가서 답을 쓰세요.

자동차, 토끼, 공, 나무, 어릿광대, 수영장, 코끼리, 문, 티셔츠, 연, 카펫, 텔레비전, 잔디밭, 엘비스 프레슬리, 컴퓨터, 화분, 붓, 모래, 빵, 모자

47쪽으로 가세요.

Test 2

다음에 1번에서 20번까지 순서대로 단어를 적어 놓았습니다. 이 테스트는 번호에 맞는 항목을 기억하는 것입니다. 보는 시간은 3분입니다.

1. 담요
2. 식빵
3. 자전거
4. 철
5. 하마
6. 피자
7. 냄비
8. 모자
9. 오이
10. 소시지
11. 닭
12. 책
13. 빨대
14. 굴뚝
15. 프레디 머큐리
16. 반죽
17. 바나나
18. 케이크
19. 잼
20. 물고기

47쪽으로 가서 답을 적으세요.

Test 3

20자리의 숫자가 있습니다. 1분 동안 보고 순서대로 숫자를 기억하세요.

42215172910793504327

48쪽으로 가서 이 숫자를 쓰세요.

Test 4

10명의 이름 또는 상호와 그들의 전화번호를 적어 놓았습니다.
4분의 시간을 드릴 테니 기억해 보세요.

시므온 레비	6294813
자동차 정비소 "트라볼타와 그의 아들"	7295431
코작 미용실의 라미 클라인슈타인	4917322
다니 코헨, 피부과 의사	6291133
택시 회사	5234444
알모갈리 부르게르슈타인, 소아과 의사	2913402
에프라트 벤 다비드	9102479
요헤베트와 헤리 크리스나	6772880
샤로나 사툰 변호사	5442903
그린버그 박사	5129797

49쪽으로 가세요.

Test 5

마지막 테스트입니다. 이 테스트가 끝나면 잠시 쉬는 시간을 가지세요. 커피를 한 잔 마시고, 마음속으로 그리스라도 여행을 떠났다가 돌아와서 다시 책을 읽으세요. 이 테스트에서는 역사적인 사건이 일어난 연도를 적었습니다. 2분의 시간을 드립니다. 기억해 보세요.

1881   첫 번째 이민(*유태인들이 이스라엘로 들어오기 시작한 이민)
1492   아메리카 대륙 발견
1789   프랑스 대혁명
1917   러시아 10월 혁명
1770   베토벤이 태어난 해
1934   도널드 덕이 데뷔한 해
1688   영국 명예혁명
1914   제1차 세계 대전
1815   워털루 전투
1543   코페르니쿠스의 지동설 주장

49쪽으로 가세요.

테스트 결과

Test 1

기억한 단어 한 개에 1점씩, 순서대로 기억한 경우 단어 한 개에 1점을 추가합니다. 단어 두 개의 순서가 바뀌고 그 단어가 맞지 않으면 2점이 감점됩니다. 테스트에서 받을 수 있는 최대 점수는 40점입니다.

아래에 단어를 쓰세요.

_____

_____

_____

점수:

Test 2

번호에 맞게 단어를 써 넣으세요.
번호와 단어가 맞으면 1점을 줍니다.

15 _____	8 _____
20 _____	12 _____
1 _____	7 _____

14	9
2	3
11	6
5	18
19	4
10	17
16	13

점수:

Test 3

숫자를 순서대로 쓰세요.

숫자 한 개가 맞을 때마다 1점을 주세요.

점수:

Test 4

다음의 이름을 보고 전화번호를 적어 보세요.

이름과 맞으면 한 개에 2점을 줍니다.

택시 회사 _____

알모갈리 부르게르슈타인, 소아과 의사 _____

에프라트 벤 다비드 _____

요헤베트와 헤리 크리스나 _____

샤로나 사툰 변호사 _____

그린버그 박사 _____

코작 미용실의 라미 클라인슈타인 _____

다니 코헨, 피부과 의사 _____

시므온 레비 _____

자동차 정비소 "트라볼타와 그의 아들" _____

점수:

Test 5

역사적인 사건에 대한 연도를 적어 보세요.
연도가 맞으면 2점씩 줍니다.

러시아 10월 혁명 _____

베토벤이 태어난 해 _____

프랑스 대혁명 _____

영국 명예혁명 _____

제1차 세계 대전 _____

코페르니쿠스의 지동설 주장   _____

첫 번째 이민   _____

아메리카 대륙 발견   _____

워털루 전투   _____

도널드 덕이 데뷔한 해   _____

점수:

다음의 표를 보고 결과를 산출해 보세요.

	최대 점수	결과
Test 1	40	
Test 2	20	
Test 3	20	
Test 4	20	
Test 5	20	
합계	120	

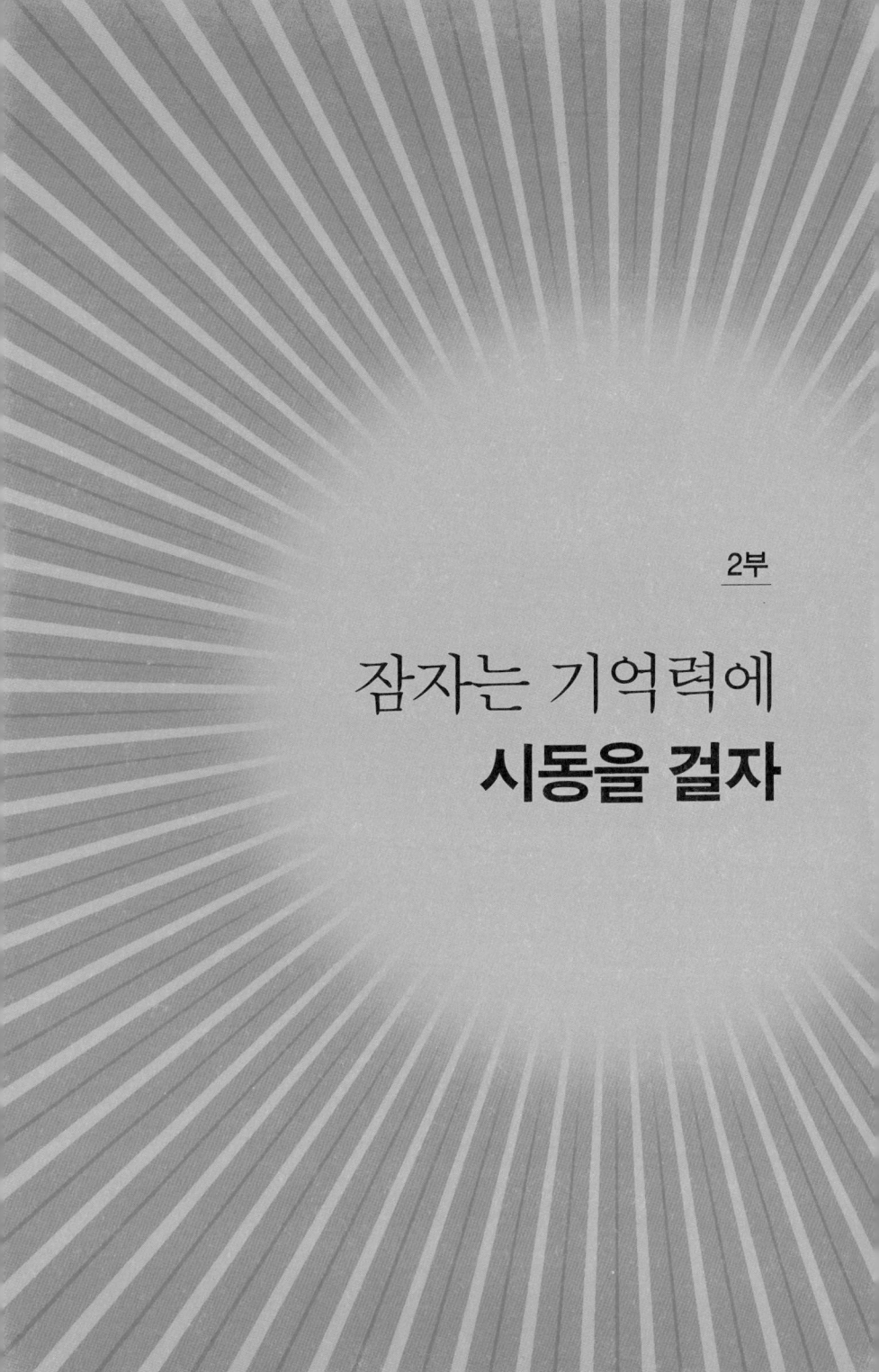

1 로니, 안녕! 아, 요니? 모니였던가?

"인간의 뇌는 경이롭습니다. 뇌는 아침에 깨어난 그 순간부터 일하기 시작해서 일터에 도착할 때까지 쉬지 않고 일을 합니다." - 에이브러햄 링컨, 1958

우리는 어떤 사실에 대해 분명하게 기억하고 있는 것 같지만, 실은 그렇지 않을 때가 더 많습니다. 열 번 백 번, 셀 수도 없이 많이 보았거나 하루에도 몇 번씩 봐 온 것이라 해도 그것에 대해 설명해 보라고 하면 기억이 잘 나지 않아 망설여질 때가 많습니다. 간단한 예를 들어 보겠습니다.

냉장고 안에 늘 서울우유가 들어 있다고 생각해 봅시다. 서울우유 팩을 몇 번이나 보았나요? 셀 수 없이 많이 보았을 겁니다. 서울우유에서 나온 다른 제품들은 몇 번이나 보았나요? 그 제품의 제품명을 읽어 보았나요? 또는 새로운 제품을 관심

있게 본 적이 있나요? 지금 옆에 두지 않고 서울우유 상표를 그릴 수 있나요?

종이와 연필을 가져와서 우유 상표를 그려 보세요. 어떻게 그렸습니까? 우유 한 방울이 왕관처럼 퍼지는 모습과, 태극무늬를 닮은 빨간 동그라미를 그렸는지요? 냉장고에 가서 우유팩을 꺼내 여러분이 그린 그림과 비교해 보세요.

삼성이나 엘지의 로고는 어떤가요? 그것들을 정확하게 기억하고 있습니까? 널리 알려져 있고 흔히 볼 수 있는 그 로고를 여러 번 보았다 해도, 그것을 똑같이 그려낼 수 있을 만큼 제대로 기억하기란 힘듭니다. 대부분의 사람들은 제품의 상표에 대해 특별히 관심을 갖고 보지 않기 때문입니다.

예루살렘으로 들어오는 길 양옆 언덕 위에 잔디가 깔려 있고 꽃을 심어 놓았습니다. "예루살렘에 오신 것을 환영합니다!"라고 잔디와 꽃으로 수놓아져 있습니다. 꽃을 한번 보고, 언덕을 지난 뒤에도 그 꽃이 무슨 색이었는지 설명할 수 있을까요?

이번 장을 시작할 때 앞부분에 인용한 글이 있습니다. 인용한 글에 잘못된 부분이 있는데 그것이 무엇인지 알고 있나요? 미국의 유명한 대통령 링컨의 말을 인용했는데 그는 1958년생이 아닙니다. 여러분 중 몇몇은 아마도 눈치 챘을 것입니다. 그렇지 않은가요? 조금이라도 관심을 갖거나 눈여겨보았다면 말입니다.

여러분이 관심을 갖고 읽어야 할 간단한 연습 문제가 있습니다. 다음의 글을 읽어 보세요.

"여러분은 세 개의 돛을 단 배를 띄웠습니다. 배에 스무 명이 타고 있었습니다. 항해를 시작하고 몇 시간이 지나서 배는 항구에 도착했습니다. 항구에 도착하자 열 명이 내리고 다섯 명이 배에 탔습니다. 배는 다음 항구를 향해 계속 항해를 합니다. 항구에 다다르자 열 명이 배에 탔습니다. 그 후 두 개의 항구를 지나면서 열두 명이 배에 타고 네 명이 내렸습니다. 다음 항구에서 다섯 명이 더 내리고 며칠 후 배는 마지막 항구에 닿았습니다."

질문은 두 가지입니다. 마지막 항구에 도착한 승객은 모두 몇 명일까요? 중간에 지나온 항구는 몇 개인가요? 많은 사람들이 이 질문의 답을 맞히지 못합니다. 여러분도 짐작은 했겠지만 질문의 중심 내용은 이야기에 나오는 사람들의 수입니다. 배에 타고 내리는 승객의 수에 관심을 갖고 집중하는 것입니다. 관심을 갖지 않으면 절대 기억할 수 없습니다.

우리는 사물을 봅니다. 그러나 주의 깊게 살펴보지는 않습니다. 글을 읽지만 특별히 하나하나 짚어 가며 읽지 않습니다. 시선을 끄는 것에 집중하지만, 전체적인 그림이나 윤곽에 집중하지 않습니다. 이것은 마술 쇼와 같은 이치입니다. 마술사는 마술을 하는 동안 관객들로 하여금 다른 데에 관심을 갖게 하면서 속임수를 씁니다.

우리가 조금 전에 보았던 연습 문제의 첫 문장은 "여러분은 배를 띄웠습니다."입니다. 그렇습니다. 여러분 하나하나가 선장입니다.

기억력 향상에 대한 강의를 하면서 간단한 몇 개의 상표를 기억하거나 제가 질문하는 두 문제에 정답을 맞히면 상을 주겠다고 했는데 지금까지 한 번도 상을 준 적이 없습니다. 연습 문제를 본 사람들은 혼란스러운 나머지 자신을 방어하듯이 이렇게 말할지도 모릅니다.

"왜 그런 것에 관심을 가져야 하죠? 상표가 어떻게 생겼는지, 예루살렘으로 들어오는 길에 심어 놓은 꽃 색깔이 무엇인지 왜 기억해야 하나요? 그런 게 뭐가 중요하지요?"

중요합니다. 예루살렘 시민들이 그 꽃밭을 가꾸기 위해 얼마나 많은 세금을 내고 있는지 아세요? 시 예산의 3분의 1을 이 특별한 정원을 위해 사용하고 있습니다.

대답은 간단합니다. 기억력은 우리의 삶 모든 측면에 관련되어 있습니다. 물건의 상표를 기억하는 것은 중요하지 않을 수 있습니다. 그렇지만 길에서 만난 친구의 이름을 5년 후까지 기억하고 싶다면, 자동차 열쇠를 손에 쥐고 서서 그것을 찾아다니지 않으려면 집중해서 기억해야 합니다.

우리는 "잊어버렸어요!"라는 말을 자주 합니다. 이것은 처음부터 아예 관심을 갖지 않고 기억도 하지 않은 경우입니다.

대부분 사람들은 타인의 이름을 쉽게 기억하지 못합니다. 관심이 부족하기 때문입니다. 누군가를 만나서 제대로 관심을 갖지 않고 형식적으로 서로의 명함을 주고받습니다. 자동차 열쇠를 작은 선반 위에 무심코 올려놓은 것과 마찬가지입니다. 관심을 가지고 물건을 놓아두면 곧 생각이 납니다.

"관심을 갖고 주의를 기울여 보세요. 열쇠는 여기 놓아두었어요!"

기억력이 향상되어 가는 과정에는 세 단계가 있습니다.

1단계: 정보 입수
2단계: 정보 정리, 저장
3단계: 정보 꺼내기

우리는 대부분 정보 입수 단계를 넘지 못합니다.

첫 단계에서 어떤 일이 일어나는지 관심을 갖고 보세요.

정보 입수 단계. 칵테일파티에서 친한 친구인 로니 레비 박사가 소매 끝을 잡아당기면서 말합니다.

"잠깐 이리 와 보세요. 내가 꼭 소개해 줄 사람이 있어요."

별로 내키지는 않지만 그의 뒤를 따라갑니다.

"인사 나누세요. 이쪽은 암논 벤 도브 씨예요. 언젠가 이야기한 적 있을 거예요. 고양이의 사고력에 대한 책을 썼죠."

상대방은 악수를 하고 나서 이렇게 말합니다.

"아, 그렇군요. 로니에게 이야기 들었어요. 저도 고양이 기르는 법을 잘 몰라서 제 고양이가 얼마 전에 죽고 말았어요."

이야기를 주고받는 동안 처음에 만나면서 들었던 암논 벤 도브라는 이름을 어떻게 했나요? 아무것도 하지 않았나요? 한쪽 귀로 듣고 한쪽 귀로 흘러 나갔군요. 정보 입수 단계에서 실패한 것입니다.

한 귀로 듣고 한 귀로 흘리지 않으려면 별다른 방법은 없습니다. 단지 특별한 상황에 대해 깨어 있어야 합니다. 눈앞에 펼쳐지는 새로운 상황을 의식적으로 기억하기 위해 잠시 시간을 내야 합니다. 이것은 워드 프로세서로 일할 때와 같은 상황입니다.

워드 프로세서로 편지를 쓸 때 그 편지 내용을 저장하기 위해 글을 쓰는 중간중간과 마지막에 저장 버튼인 세이브 키(Alt+S)를 누릅니다. 그렇게 하지 않으면, 정전이라도 되어 컴퓨터가 중간에 꺼지는 경우 편지를 처음부터 다시 써야 합니다. 자동 저장 설정이 되어 있지 않은 경우에 말입니다. 세이브 키를 누르는 순간, 편지 내용이 저장됩니다. 이 과정은 사람이 의식적으로 순간순간 기억하는 것과 같습니다. 사람들을 만날 때마다 이름을 듣고 나서 항상 여러분 자신의 세이브 키를 눌러 기억하는 것입니다. 또 도서관에서 책을 빌리면서는 반납 기한을 어기지 않도록 책 반납 날짜를 의식적으로 기억해야 하는 것입니다. 이 책을 읽는 동안 의식적으로 순간순간을 기억하는 요령을 배워 나갈 것입니다.

다음의 세 가지는 우리가 성공적으로 기억하지 못하고 실패하는 경우입니다.

1. 우리는 새로운 정보를 입수하는 일에 실패할 수 있습니다.
2. 우리는 정보를 저장하는 일에 실패할 수 있습니다.
3. 정보를 저장한 후 그것을 어디에 저장했는지 찾는 일에 실패할 수 있습니다.(어떤 파일에 넣어 두었더라?)

정보를 입수하는 단계에서 '입수'란 곧 관심입니다.

덜렁대는 교수님이 있습니다. 그 교수님은 아침에 출근할 때, 부인의 머리를 쓰다듬고 강아지에게 키스를 한답니다. 이런 상태를 우리는 '정신이 나갔다'거나 '헛갈린다' 또는 '기억력 부족'이라고 합니다. 정확하게는 이런 상태를 '관심 부족' 상태라고 볼 수 있습니다. 이런 일은 우리 모두에게 일어납니다. 방에 들어갔는데 뭘 하러 들어갔는지 모를 때가 있습니다. 현금 지급기에서 돈을 찾고 나서 명세표를 뽑다가 정작 현금을 가져오지 않는 경우도 있습니다.

집중하지 못하면 정보를 입수할 수 없고 그것을 저장할 수도 없습니다. 집중력을 향상시키려면 어떻게 해야 할까요? 다음의 두 가지가 필요합니다. 관심의 정도를 높이고 관심을 알맞게 분산시키는 것입니다.

관심의 정도 높이기

탐정이나 조사원처럼 작은 일에 관심을 가집니다. 자동차 번호판의 숫자가 특이하다든가, 범인의 발자국을 보고 나서 신발굽이 일반적인 것보다 더 높다는 사실에 관심을 가지지 못한다면 그 탐정은 직업을 바꾸는 편이 더 나을 것입니다. 탐정이나 안전 요원들은 그들 스스로 관심의 폭을 넓히는 방법을 알고 있습니다.

우리도 그들과 같은 방법을 쓰면 어떨까요? 여러분도 거리에 나가 연습해 보세요. 자동차 소음 외에 들리는 소리를 찾아 보세요. 사람들이 이야기하는 소리, 라디오 소리, 새들이 지저귀는 소리가 들립니다. 음악회에 가서 특별히 한 가지 악기의 소리를 들으려고 노력해 보세요.

효과적인 시각 훈련도 있습니다. 집 거실에 앉아서 기억나는 대로 침실에 있는 물건을 하나하나 적어 보세요. 적은 내용을 들고 방에 가서 주의 깊게 살펴보고 빠진 것이 있으면 거실에 나와 그것을 써 넣으세요. 그리고 나서 다시 방에 가서 빠진 것이 있는지 비교해 봅니다. 평소에 별 관심 없이 보았던 것이 분명히 빠져 있을 것입니다. 문에 붙여 놓은 작은 옷걸이, 스탠드의 갓 등이 그런 것들입니다.

제 친구 중에 영화를 보고 나면 그 영화 전체 줄거리나 장면뿐 아니라 영화에 나오는 대사까지 모두 기억하는 친구들이 있습니다. 그 친구들이 저보다 기억력이 더 좋다고 할 수 있을까요? 그렇지 않습니다. 그들이 저보다 더 주의 깊게 살펴보고 영화에 더 관심이 많은 것입니다. 저는 배우와 연출에 초점을 맞춰 영화를 보는데 친구들은 영화 내용에 특히 관심을 갖고 보는 것입니다.

관심을 분산시키기

레비 박사님의 파티에서 암논 벤 도브 씨를 만났습니다. 레비 박사님 옆에 부인이 서 있어서 악수를 청하고 인사를 했습니다. 박사님 부인 성함이 뭐였더라? 기억할 리 없죠.

사물에 관심을 갖는 것만으로는 충분하지 않습니다. 관심을 알맞게 나누는 것이 필요합니다. 영화를 볼 때도, 파티에서 사람들을 만날 때도 마찬가지입니다. 일반적으로 우리는 우리 마음에 들고 끌리는 사람에게 관심을 가지고 그렇지 않은 사람들에게는 집중하지 않습니다. 여럿이 모여 이야기를 나누면 관심을 갖고 본 사람의 이야기는 제대로 기억하는데, 그렇지 않은 사람들의 이야기는 잊어버립니다.

특별한 사람들에게 관심을 가지라는 것이 아닙니다. 사람들과 이야기를 나누다 보면 한 사람과 이야기를 나누다가 몇 분 후에는 다른 사람과 이야기를 나눕니다. 이때 여러분의 관심이 나눠지게 되는 것입니다. 한 사람과 이야기를 나눌 때 여러분의 관심을 그 사람에게 집중시키라는 것입니다. 여러분과 이야기를 나누는 상대방이 딴생각을 하는 걸 눈치 채면, 여러분도 대화를 하면서 무척 방해가 되고 집중이 되지 않을 것입니다.

관심을 분산시키기 좋은 방법은 텔레비전 3개 채널을 동시에 보거나 라디오 3개 방송을 동시에 듣는 것입니다. 한 채널에서 집중해서 보다가 다른 채널로 옮겨서 집중하고 다시 세 번째 채널로 옮겨 가는 것입니다. 이런 방법은 집중력을 떨어뜨리고 인내심을 부족하게 만든다고 생각하는 사람들도 있습니다. 그러나 의식적으로 그렇게 하다 보면 별문제가 되지 않습니다. 이런 연습은 오히려 집중력을 향상시킵니다. 그 연습을 하고 나면 시끄러운 파티에 가서 놀라운 경험을 하게 될 것입니다. 파티에서 만난 많은 사람들과 그 사람들이 했던 이야기를 모두 기억하는 경험입니다.

관심은 기억에 있어서 가장 중요한 요소입니다. 관심을 갖는 훈련은 기억 능력을 한 단계 높여 줍니다. 우리는 아직 그 기술적인 실제는 배우지 않았습니다. 그것은 여러분의 삶의 방식을 바꿔 줄 것입니다. 관심을 가지지 않으면 처음부터 기억할 수 없습니다.

그러면 구체적으로 언제 어떻게 관심을 가져야 할까요? 다음 장에서 보도록 하겠습니다.

2 연상 작용으로 기억하는 법

어린 다니는 아버지와 함께 동물원에 갔습니다. 그들은 하마가 있는 곳에 가서 하마를 주의 깊게 지켜보았습니다.
"아버지."
다니가 불렀습니다.
"하마가 에스테르 고모를 닮았어요."
"다니야, 그런 소리 하는 것 아니야."
아버지가 타일렀습니다.
"그렇지만 아버지, 정말 닮았어요. 하마는 제 이야기를 못 알아듣잖아요."
다니가 말했습니다.
여러분은 이런 경험을 해 본 적 있나요?

여러분이 친구들에게 그리스 산토리니 섬으로 여행 다녀온 이야기를 재미있게 하고 있습니다. 검정 화산 돌이 있는 해변가, 오토바이를 타고 시내를 돌아본 일, 방값을 깎았던 일, 카페에서 영국인 부부를 만났던 일에 대해 신이 나서 이야기를 해 주었습니다. 이야기를 듣고 있던 친구가 불쑥 이렇게 말합니다.

"맞다, 그런데 도리트와 아피가 결혼한대."

제 이야기와는 전혀 관계가 없는 이야기입니다. 이럴 땐 조금은 화가 나겠죠?

이런 일은 거의 모든 대화 속에서 일어날 수 있습니다. 친구는 그리스라는 단어를 듣고 현재 이야기와는 전혀 관계가 없는 일이 생각난 것입니다. 이야기 속의 단어나 문장, 생각이 계기가 되어 무엇인가 머릿속에 떠오른 것입니다. 낭만적인 산토리니 섬이 결혼을 떠오르게 한 것입니다.

어떤 사람들은 이야기 도중에 다른 이야기로 넘어가는 경우도 있는데, 그것은 항상 그럴 만한 이유가 있다고 생각하면 됩니다. 자리가 많이 비어 있는 주차장에 차를 주차하면서 갑자기 지난주에 딱지를 뗀 주차 위반 벌금을 내야 한다는 생각이 날 수도 있습니다.

우리의 기억은 지금 벌어지는 상황과 연결 지어 연상을 합니다. 연상은 어떤 모양에 대한 느낌과 표현으로부터 옵니다. 어린 다니가 하마를 보면서 그의 고모를 떠올린 것은 하마의

몸집이 체격이 큰 고모와 비슷했기 때문입니다. 검고 짧은 콧수염이 있는 남자를 보면 찰리 채플린이 떠오를 것입니다. 처음 만난 시므온에게 요시 아니냐고 묻는 것은 시므온과 요시가 서로 많이 닮았기 때문입니다.

벨기에나 타이의 지도를 그리라고 하면 그 나라의 모양이 잘 기억나지 않습니다. 세계 지도에서 그 나라의 모양은 특별한 데가 없기 때문입니다. 그러나 이탈리아를 그려 보라고 하면 성공적으로 그려 낼 것입니다. 이탈리아는 영토가 장화처럼 생겼습니다.

그럼 언제 관심을 가져야 할까요? 어떤 사물이 이미 우리가 알고 있는 그 무엇을 떠올리게 할 때, 연상이 될 때입니다. 연상은 다른 감각과도 연결 지을 수 있습니다. 「황금의 예루살렘」이라는 시는 예루살렘의 하나 됨을 연상시킵니다. 엘비스 프레슬리, 조지 마이클의 노래는 낭만적인 추억을 떠오르게 합니다.

냄새도 기억을 떠오르게 합니다. 오렌지 밭 냄새나 다른 과일나무의 냄새는 어린 시절, 한참 패기에 찼던 청년 시절을 떠오르게 합니다. 유칼립투스 냄새는 많은 이스라엘 사람들에게 군대 화장실을 떠오르게 할 것입니다.(이스라엘은 군대마다 화장실 근처에 유칼립투스가 있기 때문입니다.) 선탠오일 냄새는 해변가의 여름 휴가를 떠오르게 하고, 휴가지에서 만났던 아름다운 여성들을 기억나게 합니다. 좋아하는 향수 냄새를 맡으면 좋아했던 사람이 생각나고, 싫어하는 향수 냄새를 맡으면 싫어하는 사람이 떠오릅니다. 연상 작용은 의도적으로 기억하려고 하지 않았던 것도 기억나게 합니다. 그래서 무언가를 기억하고 싶을 때 이 연상 작용을 이용하면 도움을 받을 수 있습니다.

광고는 연상 작용을 이용한 것입니다. 광고의 목적은 메시지를 전달하고 특정 상품을 기억하게 한 후 구매하게 하는 것입니다.

나이키의 예를 들어 보기로 하겠습니다. 나이키의 광고 모델은 세계적인 농구 선수 마이클 조던입니다. 나이키는 그에게 수백만 달러의 모델료를 지급합니다. 광고에서는 세상에서 가장 뛰어난 농구 선수가 나이키 운동화를 신는다는 것을 보여 줍니다. 이 광고의 목표는 사람들이 마이클 조던의 농구 경기를 볼 때마다 무의식적으로 나이키를 떠올리게 하는 것입니다.

여러분은 파블로프의 실험에 대해 알고 있을 것입니다. 파블로프 하면 개가 침을 흘리는 장면을 떠올릴 것입니다. 파블로프는 뇌가 조건반사를 통해 움직인다는 것을 증명했습니다. 파블로프는 그의 유명한 실험을 통해 서로 연결 지어 상상할 수 없는 두 개의 사물을 학습과 훈련을 통해 서로 연결시켰습니다. 개에게 먹이를 줄 때마다 종을 치는 실험이었지요. 20회 실험을 마친 후 개는 종소리를 들을 때마다 먹이를 주지 않아도 침을 흘렸습니다. 이것은 주어진 조건과의 관계를 통해 기억하게 하는 방법입니다.

기본 연결 고리 - 관계 맺기 방법

은행에서 사용하는 비밀번호를 기억해야 할 때 새로운 숫자와 이미 알고 있는 숫자를 조합합니다. 예를 들어 비밀번호가 1992라고 하면 1992년에 기억해야 할 큰 사건이 있다거나 누군가의 생일 19일에 92년식 자동차를 연결 지어 생각할 수 있습니다. 전혀 관계가 없고 비슷한 점이 없는 것끼리 연결시키려고 하면 어떻게 해야 할까요? 이런 경우 컴퓨터로 목록을 정리해 본 뒤 상상으로 연결시킵니다.

사람은 모든 감각을 사용해서 상상할 수 있습니다. 이미 그리스 시대의 사람들은 상상력과 연상 작용으로 기억력을 향상시킬 수 있다는 것을 알고 있었습니다. 효과적인 기억을 위해서는 상상력을 통해 이미 알고 있는 것들과 새로운 것을 연결 지어 연상해야 합니다. 10개의 사물을 차례대로 적은 목록을 한번 보거나 읽고 나서 몇 분 만에 그것을 모두 기억하게 하는 것을 목표로 삼아 보겠습니다. 기억하지 못했던 것을 차츰 기억하도록 하는 것입니다. 상상력이라는 도구로 우스꽝스럽고 이상하고 비논리적인 그림을 그린 뒤 머릿속으로 사진을 찍어 놓는 것입니다.

목록에 관심 갖기

침대, 물고기, 화분, 수박, 양초, 프라이팬, 오렌지, 자동차, 강아지, 치마

목록을 한 번 훑어보세요. 단어 하나하나를 읽을 때마다 머릿속에 사진을 찍어 두세요. 단어와 연결 지을 수 있는 것을 계속해서 생각하고 상상하는 것입니다. 상상은 구체적이고 자세해야 합니다. 자동차를 상상한다고 하면 자동차의 색은 무엇인지, 흰색인지 은회색인지 분명해야 합니다. 자동차 안에 휴대전화 사용에 필요한 핸즈프리가 있는지 알아야 합니다. 창문의 일부가 열려 있는지도 알아야 합니다. 컵을 상상한다고 하면 큰 컵인지 작은 컵인지, 유리가 두꺼운지 얇은지, 손잡이가 있는지 없는지를 알아야 합니다.

상상과 현실의 차이는 매우 작습니다. 날카로운 상상력으로 그려진 그림을 보면 우리의 몸이 현실처럼 반응합니다. 그 반응은 본능적인 것입니다. 끔찍하게 무서운 영화를 보면 우리의 몸은 실제로 공포를 경험하듯 식은땀이 나고 떨리며 움츠러듭니다. 목록에 적혀 있는 단어를 기억하기 위해서는 연습 문제를 풀 때처럼 골똘히 생각하고 이 일을 아이들과 노는 것처럼 재미있다고 생각해야 합니다.

첫 번째 기억해야 할 단어는 '침대'입니다. 우리는 침대의 형태를 알고 있습니다. 집에 있는 침대가 눈앞에 있는 것처럼 구체적으로 상상해 봅시다.

두 번째 기억해야 할 단어는 '물고기'입니다. 두 번째 단어를 첫 번째 단어와 연결시켜 기억해야 합니다. '침대와 물고기'를 연결시키면 왠지 서로 어울리지 않고 우스꽝스럽습니다. 여러분이 좋아하는 편안한 침대에, 비린내를 풍기며 물기로 미끈거리는 커다란 물고기가 누워서 자고 있습니다. 상상만으로도 끔찍하죠? 그렇지 않습니까?

이런 그림을 상상했다면 침대와 물고기를 분명히 기억할 것입니다. 우리는 논리적이고 평범하며 정상적인 것보다, 이상하고 말도 안 되며 엽기적인 무엇을 더 잘 기억하기 때문입니다. 논리적인 것은 관심을 끌지 못합니다. 따라서 기억하기 힘듭니다. 이 이상한 그림을 그려 보세요. 그림을 한 번 보고 나서 눈을 감고, 그 그림이 자세하게 생각나는지 머릿속에 떠올려 보세요.

다음에 기억해야 할 단어는 '화분'입니다. '침대'는 그대로 두고 '물고기와 화분'을 연결시켜 상상해 봅시다. 2미터 길이의 물고기가 화분 흙 속에 머리를 박고 꼬리는 하늘을 향하고 있는 모습을 상상해 보세요. 머릿속에 그림이 그려지나요?

다음으로 넘어가겠습니다. 이번에 기억해야 할 단어는 '수박'

입니다. '화분'과 '수박'을 연결 지어 상상해 보도록 하겠습니다. 수박 모양의 화분을 상상해 보세요. 화분은 둥근 구체이고 초록색입니다. 화분 위의 일부분이 열려 있는데 그 속은 빨간색이 아닙니다. 땅이 보이고 그곳에 새싹이 있습니다. 이 신기한 모양의 화분을 머릿속에 기억해 두고 다음으로 넘어갑니다.

이번에는 '수박'과 '양초'를 연결시켜 기억해야 합니다. 기다란 양초가 수박에 꽂혀 있는 것을 상상하거나, 수박 모양의 거대한 양초를 상상해 보세요.

다음 단어는 '프라이팬'입니다. 프라이팬을 양초에 연결시켜야 합니다. 양초로 프라이팬을 데우는 장면을 상상합니다. 거실에 있는 양초 위에 프라이팬을 올려놓고 달걀부침을 합니다. 양초에서 가스레인지만큼이나 큰 불꽃이 올라오는 것을 상상합니다.

'오렌지'와 '프라이팬'을 연결합니다. 프라이팬을 테니스채, 오렌지를 테니스공으로 생각합니다. 오렌지가 날아가서 집에 있는 물건에 부딪혀 깨지거나 망가집니다. 오렌지가 스탠드를 맞혀 스탠드가 부서집니다. 앞에 있는 단어를 기억해 내려고 노력하지 마세요. 제가 설명하는 내용과 상황에 초점을 맞춰 머릿속에 그려 보세요.

'자동차'는 벤츠 자동차의 바퀴를 네 개의 오렌지로 바꾸어 상상합니다. 거리에 오렌지 바퀴가 달린 자동차가 질주하고 있습니다. 은색 벤츠 자동차 몸체를 지탱하는 탱탱한 오렌지 바퀴를 상상해 보세요.

'강아지'는 멋진 벤츠 자동차 안에 불도그 강아지가 앉아 있는 모습을 그려 봅니다. 한 발로는 핸들을 잡고 있고 다른 한 발은 열려 있는 창에 걸치고 있습니다. 불도그는 거만한 자세로 운전을 하고 있습니다.

이제 마지막 단어 '치마'입니다. '치마'는 분홍색 미니스커트를 입은 셰퍼드 강아지가 거리를 지나가는 것을 상상합니다. 강아지가 입은 치마가 바람에 나풀거립니다.

목록에 있는 단어에 대한 상상을 끝냈습니다. 이제 우리가 기억하는 단어를 살펴보도록 합시다. 첫 번째 단어는 침대입니다. 첫 번째 단어를 잘 기억하기 위해 그 단어와 연상이 가능한 상황을 머릿속으로 상상하고 붙들어 두어야 합니다.

우리 침대에서 누가 자고 있나요?

젖어 있는 커다란 물고기, 맞습니까?

그 물고기는 어디에 머리를 박고 있나요?

세 번째 단어, 화분.

이 화분의 특별한 점은 무엇인가요?

화분의 모양은? 수박.

수박은 진짜 수박이 아닙니다. 무엇으로 만들어진 건가요? 양초.

강렬한 불꽃이 올라오는 양초는 무엇을 따뜻하게 데우는 데 사용할 수 있나요? 프라이팬.

프라이팬으로 무엇을 치나요? 오렌지.

네 개의 오렌지 바퀴로 바뀐 것은? 자동차 바퀴.

누가 자동차를 운전하나요? 강아지.

길에서 본 강아지는 무엇을 입었나요? 치마.

이렇게 열 개의 단어를 기억해 냈습니다. 이제는 그 단어를 한 번씩 써 보도록 하세요.

_____
_____
_____
_____
_____
_____
_____
_____

단어를 모두 기억하지 못했다고 너무 실망하지 마세요. 제가 들었던 예가 그다지 강렬하지 않아서 여러분이 기억하는 데 도움을 주지 못한 것일 수도 있습니다. 다시 한 번 목록을 보고 여러분 나름대로 단어와 연상되는 것을 떠올려 보세요.

자동차의 종류는? 벤츠.

어떤 종류의 강아지가 자동차를 운전했나요? 불도그.

우리는 대부분 논리적으로 생각하도록 교육을 받았습니다. 그렇지만 이 연상 작용을 할 때는 비논리적인 장면을 상상해 보세요. 비논리적인 상상을 하는 것이 쉽지 않은 사람들도 있을 겁니다. 그래도 여러 번 시도를 해 보면 비논리적인 상상이 논리적인 생각보다 더 쉽다는 것을 알게 될 것입니다.

강하고 효과적인 연상 작용을 할 때 도움이 되는 몇 가지를 요약해 보았습니다.

1. 비정상적인 크기를 상상합니다.
2. 그것이 진행 중인 상황을 상상합니다.(네 개의 오렌지 바퀴가 달린 벤츠가 달리고 있습니다.)
3. 사물을 서로 바꾸어 상상합니다.(화분과 수박)
4. 사물의 수를 과장되게 상상합니다.
5. 오감을 모두 사용합니다.

   시각 - 밝고 경쾌한 색을 생각합니다.(자동차의 주황색 오렌지와 수박에 꽂혀 있는 양초)

청각 – 프라이팬으로 오렌지를 칠 때 나는 소리

후각 – 생선 냄새를 맡아 봅니다.

미각 – 생선 요리의 맛을 봅니다.

촉각 – 매끄러운 수박의 겉을 만져 보고 우툴두툴한 오렌지의 껍질을 만져 봅니다.

가장 중요한 점은 우스꽝스럽고 말도 안 되는 이상한 장면을 상상해야 한다는 것입니다.

지금까지 연상 작용으로 기억하는 방법을 배웠습니다. 이제부터는 시장을 보러 갈 때 메모를 하지 않고 사야 할 물건을 머릿속으로 기억해 봅시다. 친구들 앞에서 2, 30개의 단어를 앞에서 뒤로, 뒤에서 앞으로 기억하는 것을 보여 줄 수도 있을 것입니다.

3 빨간 치마와 갈래머리

　결혼을 해서 부인이 있거나, 여자 친구가 있는 미혼 남자 분들은 다음의 질문에 답을 해 보시기 바랍니다.
　먼저 부인이나 여자 친구에 대해 생각해 보세요. 지금 그 여성이 옆에 있다면 쳐다보지 말고요. 그녀가 옆에 없다면 가장 최근에 본 게 언제인지 생각해 보세요. 눈을 감고 그녀가 어떤 옷을 입고 있는지, 또는 입고 있었는지 생각해 보십시오. 셔츠와 바지, 신발, 목걸이나 반지 등의 장신구는 어떤 것이었는지 그녀의 모든 것에 대해 기억해 보는 겁니다.
　강의를 하면서 이 문제를 내면 많은 남자들이 웃습니다. 어떤 이들은 머릿속으로 정리가 되지 않아 물만 마시기도 하고, 또 어떤 분들은 그녀가 입은 바지 색만 겨우 기억합니다. 대부분의 남자들은 배우자나 여자 친구의 바지 색을 완벽하게 한 번에 알아맞히지 못합니다. 여성 분들이 이 이야기를 읽을 것을 생각하니 조금은 미안해지기도 합니다.

여자들은 쇼핑을 하러 나가서 몇 시간씩 둘러보고 나서 셔츠를 하나 삽니다. 마음에 드는 예쁜 치마가 가게에 입고되길 기다렸다가 사기도 합니다. 신발은 수십 켤레를 신어 보고 나서 사기도 합니다. 그녀들은 무엇을 위해 그렇게 하는 것일까요? 누구를 위해 그 많은 시간과 노력을 기울일까요?

남자들은 어째서 여자들이 어떤 옷을 입었는지 기억하지 못할까요? 대답은 간단합니다. 남자들은 대체로 옷이나 신발, 액세서리에 흥미를 느끼지 않기 때문입니다. 그에 반해 여자들 중에는, 자신의 기억력이 좋지 않다고 하면서도 친구가 6년 전에 파티에 입고 온 옷의 모양을 기억하는 사람도 있습니다.

"너 루티 핀켈슈타인 아니?"

"아니, 몰라."

"쇼시의 파티에 왔잖아."

"아, 그 애! 금색 줄이 있는 파란색 치마에 굽이 높은 구두, 구찌 구두를 신고 새 모양의 하늘색 머리핀을 꽂고 왔던 아이 말이구나."

우리는 재미를 느끼는 대상은 잘 기억하지만 그렇지 않은 것은 잘 기억하지 못합니다. 여자들은 옷이나 외모에 관심이 많기 때문에 친구들이 오래전에 어떤 옷을 입었는지 기억하는 것입니다.

어머니들 가운데 자녀들의 기억력이 좋지 않다고 걱정하는 분들이 있습니다. 그 학생들은 역사, 성경, 지리 시간에 배운 것을 제대로 기억하지 못합니다. 시험을 치르면 매우 낮은 점수를 받습니다. 그런데 그런 학생들 중에는 자신이 좋아하는 축구 선수 이름을 수십 명이나 줄줄 외우는 아이들이 있습니다. 어떤 선수가, 어떤 경기에서, 경기가 시작되고 얼마 만에 골을 넣었는지까지 기억합니다. 축구와 관련된 것이라면 그다지 중요하지 않은 것도 모두 기억합니다. 그렇다면 그 학생의 기억력은 나쁜 것이 아닙니다.

"일반적인 경우의 기억력이 나쁘다."라는 말을 기억하시기 바랍니다. 기억력 자체가 나쁜 것이 아니라 특정 분야의 기억력이 약한 것입니다. 그것이 핵심입니다. 우리는 보통 재미없는 학습 내용을 기억하지 못하는 것을 두고 전체 기억력이 나쁘다고 생각합니다. 남의 이름과 얼굴을 잘 기억하는 사람은 사람에게 관심이 많고 사교적이며 사람을 좋아하는 타입입니다. 숫자를 잘 기억하는 사람은 좀 더 현실적인 타입에 가깝습니다. 상식이 많은 사람은 호기심이 많고 마음이 열려 있으며 여러 분야에 관심이 많습니다.

15~20년 전만 해도 축구 경기를 관전하러 가면 경기장에 여

자들은 거의 없었습니다. 그런데 요즘은 여자들도 꽤 많이 축구 경기를 봅니다. 축구 경기에 대한 관심은 축구 선수들과 관계가 있습니다. 축구 선수들은 축구를 하면서 광고도 찍고 텔레비전에도 출연합니다. 엘리 오하나는 샴푸 광고에 나와 머리 감는 모습을 보여 주고 이칙 조하르는 면도기 광고에 나옵니다. 보니 긴츠버그는 모델로 활동하기도 합니다. 많은 여성들은 그들이 출연하는 광고를 보면서 축구 경기도 재미있겠다는 생각을 하게 될 수도 있습니다. 몇 년 전까지도 축구에 그다지 관심이 없었던 여성들이 이제는 축구의 많은 규칙이나 상식을 기억하는 것을 볼 수 있습니다.

저는 절대 남성우월주의자가 아닙니다. 물론 여성들 중에는 축구 선수들과 관계없이 축구 그 자체에 관심을 갖고 있는 사람들도 있을 것입니다. 제 아내 야엘의 예를 들어 보겠습니다. 야엘은 아르헨티나 축구 선수 바티스투타와 이탈리아 선수 바지오에게 빠져 월드컵 경기를 끝까지 보았습니다. 제 아내의 경우 축구 경기보다는 해변에서 공놀이하는 선수들을 보는 게 더 낫겠다는 생각이 들었습니다. 축구보다는 선수들에 대한 관심이 더 커 보였으니까요.

기억을 잘하기 위해서는 반드시 재미가 있어야 합니다. 재미가 없는 것을 기억하려면 어떻게 해야 할까요? 기존에 조금 알고 있었던 주제라면 그것에 대해 공부를 시작해서 좀 더 알도록 합니다. 공부를 할수록 흥미를 갖게 됩니다.

우표 수집을 한 번도 해 보지 않은 아이가 있습니다. 누군가에게 우표를 선물로 받았다면 우표에 대한 관심이 조금은 생길 겁니다. 일주일 뒤 아버지가 우표 100장과 우표를 수집할 수 있는 우표책을 사 왔습니다. 아이는 매우 기쁜 마음으로 그것을 받을 것입니다. 지루한 내용을 공부해야 할 때는 다음의 두 가지 방법을 써서 정면 공격을 하세요.

1. 조금 흥미가 생기는 사안에 대해 공부를 시작할 것
2. 그것을 배우면 어떤 장점이 있는지 생각할 것

자동차라고는 만져 본 적도 없는데 자동차의 기계적 구조에 대한 원리를 공부해야 한다면, 처음부터 원리에 대한 방대한 자료부터 읽지 말고 다른 시각에서 접근해야 합니다. 교통 표지판에 대한 내용을 읽고 나서 자동차의 구조에 대한 설명을 읽어야 한다고 합시다. 여러분은 「자동차의 구조」라는 제목을 보자마자 "아, 망했군."이라고 하면서 책을 덮을 것입니다. 그때 이런 생각을 해 보세요.

"자동차와 관련된 것 중에 내가 재미있어 할 만한 건 없을까?"

경주용 자동차, 자동차의 역사, 세상에서 가장 빠른 자동차, 미래의 자동차 등에 대해 생각해 보는 겁니다.

경주용 자동차를 선택했다면 책에서 일반 자동차와 경주용 자동차의 차이점을 찾아 읽어 보세요. 흥미로운 차이점을 발견하게 될 겁니다. 경주용 자동차의 바퀴는 일반 자동차와는 달리 파인 홈이 없이 매끄럽습니다. 바퀴가 매끄러워야 빠른 속도로 아스팔트 위를 달릴 때 마찰도 적고 걸리는 것 없이 부드럽게 나가기 때문입니다. 빠른 속도로 달릴 때 바퀴에 홈이 없어야 자동차가 바닥에 붙어서 안전하게 달릴 수 있습니다.

헨리 포드가 자동차의 역사에 대한 책을 썼는데, 여기에는 초기에 자동차를 만들 때 후진 기어 넣는 것을 잊어 차가 후진을 하지 못했다는 일화가 있습니다. 자동차의 구조에 대한 공부가 재미없다고 덮어 버리지 말고, 자동차에 관련된 다른 재미있는 이야기를 본 뒤 다시 원래의 자료로 돌아와 읽도록 합시다.

다음으로, 어떤 공부가 매우 접근하기 힘들 때, 그것을 배우고 나면 어떤 장점이 있는지 살펴봅시다. 경제학이나 경영학 수업이 지겨울 때 그 수업을 듣고 나면 어떤 장점이 있는지 생각해 보는 겁니다. 은행에서 주는 보잘것없는 이자와 꽤 괜찮은 이자의 차이점이라든가, 재테크 요령에 대해 생각해 봅니다. 경제학, 경영학 수업을 듣고 나면 은행 이자에 관련해서는 어느 정도 꿰게 될 겁니다.

누군가를 기억하기 위해서는 긍정적인 자세가 필요합니다.

긍정적인 자세를 갖고 사람을 만나면 그 사람의 장점에 대해 생각하게 되고 이름과 신상에 관해 알게 되면서 친근함을 느끼게 됩니다. 부정적인 자세를 갖게 되면 만나는 사람의 장점을 보려는 생각이 들지 않고 사람을 기억하려고 노력해야 하는 시간이 아깝게 느껴집니다. 여러분이 연인이나 친구들을 처음 만났을 때를 기억해 보세요. 그들 중 몇 명은 처음에 만났을 때 재미없어 보이고 지루해 보이지 않았나요? 친해지고 나서야 비로소 그 친구들이 재미있고 썩 괜찮은 사람이었다는 생각이 들었을 것입니다. 알아야 재미가 있고 재미가 있으면 더 알려고 합니다.

어떤 주제에 대해서도 배우고 싶은 흥미를 느끼지 못한다면 의도적으로 자기 최면을 걸듯 이렇게 말하세요.

"이 지루한 강의를 끝까지 견디기만 하면 나는 상을 받게 될 거야. 강의가 끝나면 따뜻한 코코아라도 먹어야지."

이런 방법을 써서라도 동기 부여를 하고 강의 교재나 관련 도서를 읽으면, 강의 내용을 조금씩 기억하게 될 겁니다. 기억을 하려면 흥미를 가져야 합니다. 흥미로우면 기억하게 됩니다.

4 · 구약성서의 전승 비밀

옛날 사람들도 기억력이 좋았을까요? 그들은 어떻게 구약성서를 대대로 구전으로 전할 수 있었을까요? 유태인의 조상들은 몇 가지 방법을 써서 구약성서를 기억해 왔다고 합니다. 그 방법을 살펴보기로 하겠습니다.

첫째, 구약성서를 공부하는 유태교 종교인 학자들은 구약성서의 자세한 내용에 관심을 가질 뿐 아니라, 공부를 하면서 경험했던 모든 주제에 대해 질문하고 답을 하는 헤브루타식 토론 방법을 채용하고 있습니다. 그들은 모든 단어와 구절이 무엇을 의미하는지 이해하기 위해 노력합니다.

둘째, 어떤 사실을 기억하기 위해서는 그것이 재미있어야 합니다. 구약성서에서는 '재미'라는 단어를 '이해'라는 단어와 연결 지어 생각합니다. 이해란 온 세상 모든 것에 대해 이야기하고 토론하는 자세를 가리킵니다.

이것이 유태교 종교인들이 존재하는 근본적인 이유입니다. 이슬람교도들에게는 코란, 기독교인들에게는 성경이 큰 의미를 주듯 유태교 종교인들은 구약성서를 공부하는 것이 그들 삶의 중요한 의미입니다. 그들에게 있어서 공부는 보통 사람들이 마트에 가서 장을 보는 것과 같습니다. 하루하루를 살아가기 위해 우리는 먹어야 하듯, 유태교 종교인들은 공부를 해야 합니다. 우리가 마트에 가서 여러 가지 물건을 사듯, 그들은 성경 속의 여러 구절을 공부합니다.

기준에 따른 분류

인간의 뇌가 기억하는 과정과 컴퓨터가 정보를 저장하는 과정이 비슷하다는 이야기는 이미 언급한 적이 있습니다. 인간의 뇌와 컴퓨터에 저장된 정보는 저장된 그 상태를 유지하고 필요할 때 꺼내 쓸 수 있습니다. 이렇게 기억된 정보는 컴퓨터나 머릿속에서 정리를 잘 해 두어야 합니다. 컴퓨터에 분명 저장은 했는데 어떤 폴더에 어떤 이름으로 저장되어 있는지 정리가 되어 있지 않으면 모든 파일을 찾아보아야 합니다.

컴퓨터에서 테트리스 게임을 하려면 '게임'이라고 분류되어 있는 폴더에 들어가야 합니다. 인간의 뇌는 저장해야 하는 대상에 대한 설명이 없거나 정리가 되어 있지 않으면 그것을 받아들이기 힘들어합니다. 휴가 동안 스위스에 가서 스키를 타고 왔다는 이야기를 들으면 우리는 '스키'라는 단어를 눈과 연결시켜 생각합니다. 눈을 본 적이 없는 아이라면 그러한 연결이 힘들 것입니다.

어린아이들도 '바나나'는 '음식', '인형'은 '장난감'으로 분류하고 기억합니다. 바나나는 먹을 수 있는 것이고 인형은 먹을 수 없다고 분류합니다. 아이가 바나나에 옷을 입히고 인형을 먹는다면 대체로 그 아이는 문제가 있다고 받아들여집니다.

책도 장으로 나뉘어 있습니다. 각 장마다 공부하기 쉽게 순서대로 정리가 되어 있습니다. 역사책인 경우 각 장마다 연대별로 차례대로 나뉘어 있지 않다면 공부하는 중간에 이리저리 필요한 내용을 찾아보아야 하는 불편을 겪게 될 것입니다. 당연히 역사를 공부하거나 기억하는 데 어려움이 따르겠지요.

문학을 공부할 때도 마찬가지입니다. 셰익스피어의 희곡 37선을 기억하려면 내용에 따라 희극, 비극, 역사극으로 분류해서 기억하는 것이 좋습니다. 유럽의 국가는 지리적인 위치로 나누어서 기억합니다. 북유럽, 서유럽, 동유럽, 지중해 근방의 남유럽으로 나눕니다.

다음은 슈퍼에 가서 사야 할 물건의 목록입니다. 이들을 일정한 기준에 따라 분류한 다음 기억해 보세요.

우유, 요구르트, 닭가슴살, 토마토, 버터, 양고기, 고추, 당근

이런 목록은 서로 관계가 없는 두 개의 사물을 연결해야 하기 때문에 기억하기 어렵습니다. 여덟 개의 물건을 세 그룹으로 나누어 기억하도록 하겠습니다.

유제품 - 우유, 요구르트, 버터(3가지)
채소 - 토마토, 고추, 당근(3가지)
고기 - 양고기, 닭가슴살(2가지)

제가 아는 친구는 가끔 남편에게 슈퍼에 가서 물건을 사 오라고 합니다. 그 남편은 항상 물건의 개수가 몇 개인지 묻는다고 합니다. 다섯 개라고 하면 물건을 다섯 개 사 오는데, 사 오라고 했던 물건과 항상 일치하는 건 아니라고 합니다.

기억해야 할 사항을 그룹으로 나누면 기억하기 쉽습니다. 한 개씩 기억하는 것보다 그룹으로 나누어 기억하는 것이 훨씬 더 쉽습니다. 초등학교 1학년 교실에서 한글을 배울 때도 '가나다라마바사, 아자차카, 타파하'로 묶어 외우는 것이 한 개씩 외우는 것보다 쉽습니다. 숫자도 그룹으로 나누어 외우면 쉽습니다. 465233747이라는 숫자는 465-233-747로 묶고 나누어 외우는 것이 쉽습니다. 이렇게 숫자를 나누다 보면 우리가

생활 속에서 익숙하게 사용했던 숫자를 만나 더욱 쉽게 기억할 수 있습니다. 앞의 숫자에서 예를 들어 보면 마지막 숫자 747은 보잉 747기를 떠오르게 합니다.

단어 줄이기 - 앞 글자만 따서 기억하기

단어를 줄여서 기억하는 방법은 오래전부터 사용되어 왔습니다. 단어를 줄이는 것은 기억에 큰 도움을 줍니다. 중세에는 위대한 랍비들의 이름을 줄여서 불렀습니다. 라쉬는 랍비 슐로모 이착, 람밤은 랍비 모세 벤 미문이었습니다. 이렇게 이름을 줄여서 사용했기 때문에 줄여서 쓴 이름이 더 잘 알려져 있습니다. 히브리어로 '타푸즈'는 '오렌지'라는 뜻인데 이 단어는 '타푸아흐 자하브'(금색 사과)를 줄인 것입니다.

돈키호테를 쓴 세르반테스의 원래 이름은 미겔 데 세르반테스 사베드라입니다. 세르반테스라는 이름이 훨씬 쉽습니다. 화학식에서도 화합물을 줄여서 황산은 H_2SO_4, 이산화탄소는 CO_2로 씁니다.

우리 생활에서 인터넷 통신을 할 때, '통신체'라고 하여 말을 줄여 사용한 속어가 많습니다. 빠르고 신속한 통신을 위한 것이지만 기억에도 도움이 됩니다. '(영화 등을) 즐겁게 감상하세요'라면 '즐감', '눈으로 훔쳐보기만 하고 (커뮤니티 등에서) 나갔다'고 일일이 풀어쓰지 않고 '눈팅'이라고 합니다.

앞 글자를 따서 사용하는 것이 기억에 도움이 된다는 것은 잘 알려져 있습니다. 국사 시간에 옛날 왕들의 이름을 앞 글자만 따서 기억하게 하는 것이 그 예입니다.

| 태조 | 정종 | 태종 | 세종 | 문종 | 단종 | 세조 | 예종 | 성종 | 연산군 | 중종 | 인조 | 명종 | 선조 | 광해군 | 인조 | 효종 | 현종 | 숙종 | 경종 | 영조 | 정조 | 순조 | 헌종 | 철종 | 고종 | 순종 |

여러분이 아침에 집에서 나갈 때 다음의 세 가지를 잘 기억해야 하는 상황에 놓여 있다면 어떻게 하겠습니까?

1. 회의 때 쓸 프레젠테이션 파일 챙기기
2. 전화를 자동 응답기로 돌려놓을 것
3. 문 잠그기

이 세 가지 할 일의 앞 글자만 따면 '회전문'입니다. 회전문이라는 단어는 일일이 글로 풀어쓴 메모보다 기억하기 쉽기 때문에, 내일 아침 일어나서는 '회전문'을 떠올리면 되겠지요.

지금까지 약한 기억력을 성공적인 기억력으로 만드는 방법에 대해 살펴보았습니다. 기억을 잘하기 위해서는 강한 동기를 부여하는 것, 관심 갖기, 재미있는 점 찾기, 연상 작용을 통해 관계를 지어 상상하기, 입수한 정보를 정리해서 기억하기가 중요합니다. 그중에서도 잘 정리해 놓는 것이 중요합니다. 그래야 필요할 때 꺼내서 제대로 사용할 수 있습니다.

5 장군 키케로의 기억법

전혀 관계가 없는 두 개의 사물을 연결해서 논리적으로 말이 되지 않는 엉뚱한 장면을 상상하는 것이 기억하기에 쉽습니다. 우리 머릿속에 입력된 정보는 앞으로 사용하기 위해 단기간 혹은 장기간 기억한 후 저장됩니다. 단기간의 기억은 몇 초에서 몇 분간 지속되다가 흔적도 없이 사라집니다.

114에서 안내해 준 전화번호를 듣고 나서, 그 번호에 전화를 거는 데는 30초가량 걸립니다. 그 전화번호가 통화 중이면 다시 114에 전화를 걸어 조금 전에 물어보았던 전화번호를 다시 물어보기도 합니다. 짧은 기억력 때문입니다. 정보나 사실은 지속성이 강해서 오랫동안 기억에 남습니다. 임시로 필요한 전화번호는 듣고 잊어버리지만, "114는 전화번호를 안내해 주는 곳"이라는, 한번 저장된 정보는 기억 속에서 지워지지 않고 그대로 남아 있게 됩니다.

기억력 향상이란 단기간 기억되는 정보를 장기간 기억하게 하는 것입니다. 장기간 기억이란 정보 은행에 우리의 정보를 오랫동안 저축하는 것과 같습니다. 안전한 곳에 저장해 두었기 때문에 잃어버릴 염려는 하지 않아도 됩니다. 잊어버리려고 해도 잊어버리지 못할 것입니다. 어렸을 때 입력된 정보를 장기간 기억하고 있다면 그 정보는 영원히 머릿속에서 지워지지 않을 겁니다. 혹 사고나 질병으로 기억을 잃는 경우를 제외하고는 말이지요.

기억하고 싶지 않은 유쾌하지 않은 기억이라도 그것이 일단 저장되면 잊을 수 없습니다. 장기간의 기억은 감정에 많은 영향을 받습니다. 유쾌하지 않은 일을 기억하는 것은 그 일이 내게 얼마나 큰 비중을 차지하느냐에 따라 다릅니다.

장기간 기억하는 일은 그것의 종류와 쓰임새에 따라 방식이 다릅니다. 단기간 정보를 기억하는 것은 옷걸이에 옷을 거는 것과 같습니다. 새로운 정보를 이미 존재하고 있는 정보와 관련지어 기억하면 잊어버리지 않습니다. 최근에 저장한 새로운 정보에 대해 기억해 내려고 할 때, 그 새로운 정보를 어느 곳에 걸어 두었는지 쉽게 찾을 수 있습니다.

옷걸이에 옷을 걸어 두듯 정보를 걸어 두는 것은 정보를 은행에 저축해 두는 것과 같습니다. 새로운 정보를 연결시켜 걸어 두거나 저축해 두었다가, 필요할 때 강력한 연상 작용이나 상상력을 발휘하여 기억해 내는 것입니다.

오랜 옛날 에게 해 근방에 그리스 시인 시모니테스가 살고 있었습니다. 어느 날 저녁 그는 부자 친구의 딸을 저녁 식사에 초대했습니다. 저녁 식사 도중 급한 일로 그를 찾아온 사람이 있어서 시모니테스는 현관으로 나갔습니다. 그들이 이야기를 나누던 중 갑자기 강한 지진이 났습니다. 조금 전 그가 앉아서 저녁 식사를 하던 집은 무너져 내려 저녁 식사를 하던 사람들을 땅속에 묻어 버렸습니다. 지진이 지나가고 나서 땅속에 묻힌 사람들을 찾기 위해 동네 사람들이 몰려왔습니다. 땅에 묻힌 사람들의 신원을 확인하기 위해 시모니테스는 기억을 떠올려서 동네 사람들을 도와주었습니다. 저녁 식사를 하던 식탁 주변에 어떤 배열로 손님들이 앉아 있었는지 기억을 더듬었던 것입니다.

그리스인들처럼 로마인들도 위치에 따라 기억하는 방법을 썼습니다. 우리의 기억 중에는 의식 밑바닥에 가라앉아 있는 기억이 있습니다. 우리가 살고 있는 집, 집 안 구조와 배치되어 있는 가구의 예를 들 수 있습니다. 우리는 우리가 살고 있는 집의 거실 모습을 잘 기억하고 있습니다. 소파, 텔레비전이 어느 곳에 놓여 있는지, 텔레비전의 오른쪽, 왼쪽에는 무엇이 있는지 등에 대해 잘 기억하고 있습니다. 우리가 해야 할 일은 새로운 정보를 이미 존재하고 있는 집 안의 구조나 가구가 배치되어 있는 상태에 연결해서 장기간 기억하는 것입니다.

로마 장군 키케로는 연설을 할 때 이 방식을 사용했습니다. 키케로는 탁월한 기억력을 발휘하며 군인들 앞에서 열정적으로 연설했습니다.

다음의 글을 읽고 키케로의 집에 대해 상상해 봅시다.

- 집으로 들어가는 길에 두 개의 기둥이 서 있다.
- 현관문을 열면 복도가 있고 중간에 로마인 동상이 있다.
- 거실에는 세 개의 소파가 있다.
- 거실 왼쪽에 부엌이 있다.
- 부엌에서 올라가는 계단이 있다.
- 침실 중앙에 짚으로 만든 침대가 놓여 있다.

키케로가 군인들에게 이야기한 일주일 일과표를 살펴보도록 합시다.

- 새로 임명된 두 명의 장관과의 약속에 대해 이야기하기
- 조르지우스 아르마니우스가 디자인한 군인들의 새로운 군복에 대해 이야기하기

- 다가오는 군인들의 행군에 대해 이야기하기(창 갈기, 방패 준비, 샌들 광내기)
- 겨울철에 말을 어디에서 훈련시킬 것인지 이야기하기
- 다음 달에 실시할 체육의 날 행사에 대해 이야기하기
- 우수한 군인을 뽑아 카프리로 휴가 보내기

이제 키케로가 말한 일과표를 키케로의 집의 구조에 맞추어 기억해 보도록 하겠습니다.

1. 두 개의 기둥 옆에 있는 문 – 키케로는 새로 임명된 두 명의 새로운 장관들이 기둥을 껴안고 기둥에 입 맞추는 상상을 합니다.
2. 로마인 동상 – 벌거벗은 동상에 새로운 군인 제복을 입히는 것을 상상합니다.
3. 세 개의 소파 – 첫 번째 소파의 천에 날카로운 창이 꽂혀 있고 두 번째 소파에는 방패가 놓여 있습니다. 세 번째 소파에 얼룩이 져 있는 것은 샌들을 빛이 나게 닦는 것과 연결합니다.
4. 부엌 – 말이 부엌 바닥에 너저분하게 떨어져 있는 짚을 먹는 것을 봅니다.
5. 계단 – 열 명의 군인들이 소리를 지르면서 계단을 뛰어다닙니다.
6. 침대 – 계급장을 단 세 명의 우수한 군인들이 침대 위에 누워서 쉬고 있습니다.

행진하는 날 키케로는 그의 집 구조와 군인들에게 알려야 할 사항을 연결시켜 군인들 앞에 서서 연설을 합니다. 그는 눈앞에 문과 두 개의 기둥을 그려 봅니다.

두 개의 기둥이 의미하는 것은 무엇인가요? 두 명의 새로운 장관.

집 안에 있는 로마인 동상이 입고 있는 군인 제복은 무엇을 생각나게 하나요? 조르지우스 아르마니우스가 디자인한 군인들의 새로운 제복.

거실에 있는 세 개의 소파는? 창 갈기, 방패 준비하기, 샌들 광내기.

키케로는 행진에 대해 길게 이야기했습니다. 군인들이 방패를 들고 왼쪽 부엌으로 갔습니다. 그들은 그곳에서 무엇을 보았을까요? 말.

키케로는 침실로 올라가는 계단에 서 있고, 열 명의 군인들이 계단 아래위를 뛰어다니며 키케로를 방해합니다. 키케로는 다음 달에 실시할 체육의 날 행사에 대해 정열적으로 이야기했습니다. 군인들은 갑자기 시원한 나무 그늘 아래 앉아 있고 싶다는 생각을 합니다. 키케로는 침실에 들어가서 세 명의 군인이 그의 침대에 누워 있는 것을 보았습니다. 순간 우수한 군인을 뽑아 카프리로 휴가를 보내야 할 일이 떠오릅니다.

2000년이 흘렀어도 이 방법에는 변함이 없습니다. 그 시대에 사용했던 방법을 지금도 그대로 사용할 수 있습니다. 로마인들은 기억을 중요한 재산으로 생각했습니다. 기억력을 향상시키기 위해 매일 기술을 익히고 연습했습니다. 반면 우리는 숙련된 기술을 사용하고 있지 않습니다. 로마인들이 우리보다 기억력이 더 뛰어났던 것은 아닙니다. 단지 그들은 우리보다 더 효과적인 기술을 익혔고 노련했습니다.

다시 우리가 살고 있는 집의 구조로 돌아가서 생각해 보기로 합시다. 집은 우리에게 친밀한 장소이고 집에 있는 모든 물건은 우리의 기억 속에 오래 남아 있습니다. 우리는 집 안에 있는 물건을 신경 써서 배치했습니다. 어디에 무엇을 놓을지 고민하며 가구를 들였습니다. 우리도 키케로의 방법을 사용해서 기억해 보도록 합시다.

집에 있는 네 개의 방을 선택합니다. 거실, 침실, 부엌, 욕실 정도가 좋겠군요. 방 한 개마다 기억나는 물건을 5개씩 종이에 씁니다. 5개의 물건이 배치되어 있던 차례대로 적습니다.

우리 집은 현관으로 들어와서 왼쪽에 부엌이 있습니다. 부엌을 1번 방이라고 합시다. 다음 방은 거실(2번 방), 침실(3번 방), 욕실(4번 방)입니다. 방 네 개가 정해지고 나면 1번 방에 있는 5개의 물건을 적어 봅니다. 5개의 물건은 크고 무거운 것을 고릅니다. 모양이 서로 비슷한 것은 선택하지 않습니다. 물건이

놓인 위치는 시계 방향이나 반시계 방향으로 기억합니다. 건너뛰거나 앞뒤로 왔다 갔다 하지 않습니다.

1번 방인 부엌에는 냉장고, 개수대, 전자레인지, 오븐, 식탁을 예로 들 수 있습니다. 1번 방에서 5번 방까지 차례대로 적어 봅니다. 거실 탁자는 2번 방에, 식탁은 1번 방에 적습니다. 모두 작성하면 20개의 물건이 적힌 목록이 완성됩니다.

다음은 물건의 목록을 적은 것입니다.

이 목록은 반드시 작성해야 합니다. 또한 머릿속에 항상 계속해서 기억해야 합니다. 한밤중에 자다가 깨어나도 기억할 수 있을 정도로 말입니다. 집 전화번호를 외워서 빠르게 말할 수 있는 것처럼 늘 기억하고 있어야 합니다. 목록이 머릿속에 완전히 기억되도록 목록에 적힌 단어를 잘 살펴보세요.

두 번 적혀 있는 단어가 있는지 찾아봅니다. 물건의 위치가 정확한지도 살펴봅니다. 목록에 적혀 있는 첫 번째 단어를 소리 내어 읽어 보세요. 눈을 감고 그 물건을 떠올리며 정확하게 머릿속에 그려 보세요. 그것이 냉장고라면 냉장고의 색, 높이, 제조 회사 이름, 냉장고의 모터 돌아가는 소리 등을 떠올려 봅니다. 다른 물건도 이와 같은 방법으로 기억합니다. 이런 방법으로 물건을 모두 기억하는 연습은 10분 정도 걸립니다. 지금 해 보세요.

처음부터 목록에 써 놓은 차례대로 기억하려고 하지 마세요. 목록에 씌어 있는 물건을 천천히 여러 번 읽어 보세요. 포기하지 말고 지금 시작해 보세요. 물건의 가장 마지막 것부터 거꾸로 차례대로 읽어 보세요. 그것이 익숙해졌으면 조금 빨리 속도를 내 봅니다. 첫 번째 방의 목록을 읽고 나서 물건을 하나씩 떠올리며 기억한 것을 말해 보세요. 두 번째 방의 물건 목록을 읽고 그 물건을 머릿속에 사진으로 찍은 뒤 기억한 것을 말해 보세요. 이렇게 모든 목록의 물건을 기억해서 이야기해 보세요.

이번에는 1번 방에 있는 물건을 시계 방향 또는 반시계 방향으로 차례대로 이야기해 봅시다. 같은 방법으로 4번 방까지 이야기합니다. 마지막 물건부터 거꾸로 기억해 봅니다. 4번 방의 물건을 머릿속에 그려 보고 나서 20번, 19번, 18번 물건을 거꾸로 기억해 봅니다. 이런 방법으로 기억하게 되면 정리가 된 물건 목록이 장기간 기억 속에 남습니다.

이렇게 정리가 잘 되어 있는 목록은 여러분이 쉽게 기억할 수 있도록 도와줍니다. 목록을 작성하면 공부해야 할 범위가 많더라도 평소 공부하는 시간의 절반만 걸려 모두 기억할 수 있습니다. 이 방법은 강의를 하는 교수나 교사, 대중 앞에서 말이 끊어지지 않고 거침없이 이야기해야 하는 웅변가에게 도움을 줍니다.

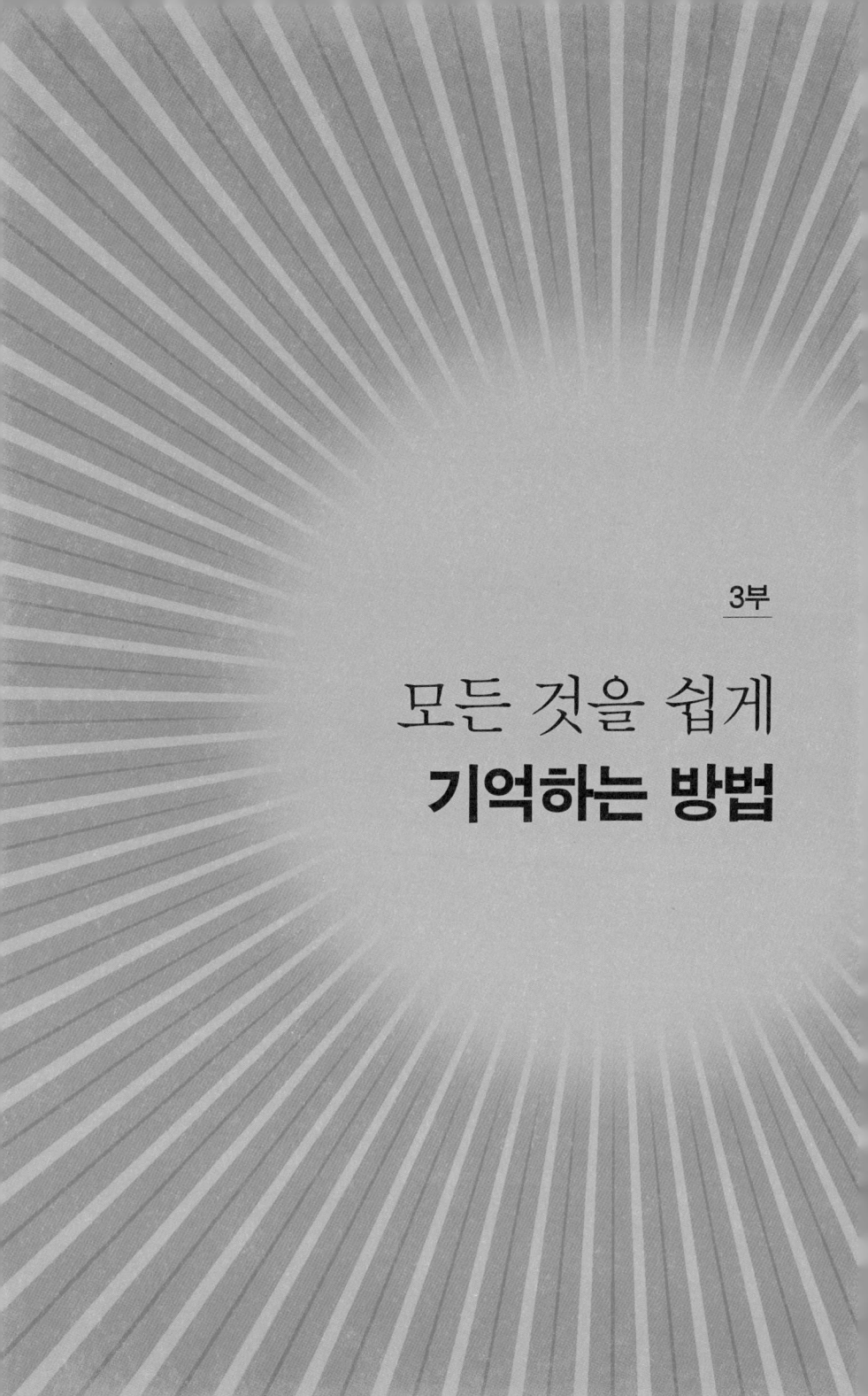

1 종이와 고지서 그리고 해야 할 일

환자: 의사 선생님, 저는 아무것도 기억할 수 없을 정도로 기억력이 떨어졌어요. 어떻게 하면 좋을까요?
의사: 진료비부터 계산하세요.

우리는 종종 해야 할 일을 미루곤 합니다.
"내일 해도 돼."
"다음 주에 다시 텔아비브에 갈 거니까 그때 리브가 이모에게 가 봐야지."
"우체국까지 갈 시간이 없어. 벌금은 다음에 내야겠어."
그렇게 며칠이 지나갑니다. 며칠이 몇 주가 되고 몇 달이 됩니다. 일주일 전까지가 기한이었던 벌금 고지서를 이제야 호주머니 속에서 찾았습니다. 두 달 전에 빌린 친구의 돈을 갚아야 하는데 잊고 있었습니다. 모레까지 대학에서 듣고 있는 세미나에 리포트를 제출해야 합니다. 어제는 친구 리나의 생일이었는데 잊어버리고 축하한다는 인사도 못 했습니다. 친구는 분명히 서운해하고 있을 겁니다.

3월 6일에 운전면허 시험을 보기로 결심했습니다. 날짜가 다가오면서 마음이 바뀌어 3월 8일로 미룹니다. 8일 시험을 11일로, 다시 18일로 날짜를 바꿉니다. 이런 식으로 3월 한 달 동안 예닐곱 번이나 자동차 시험을 연기했습니다. 해야 할 일을 미루는 것은 기억과 관계가 없습니다.

첫 번째 단계에서는 내일 기억해야 할 약속에 대한 계획을 세웁니다.

내일 해야 할 일들
1. 비디오테이프 반납하기
2. 친구에게 빌린 돈 갚기(절대 잊지 말기)
3. 이달에 판매한 실적을 서류로 작성하기
4. 우체국 가서 범칙금을 내고 유럽으로 편지를 보낼 때 필요한 우표 20장 사기
5. 리나 생일 축하 꽃 배달 주문하기

여러분은 나름대로 이 계획을 기억하는 방법이 있을 것입니다. 다이어리, 수첩, 달력, 쪽지 등에 적어 두는 것입니다. 기억의 기술을 익히기 위해 다이어리를 새것으로 바꿀 필요는 없습니다. 우리가 지금 살펴보는 내용은, 도움이 되지 않는 다이어리에 도움을 주기 위한 것이기 때문입니다. 다이어리를 집에 두고 나온 날은 머리를 쥐어짜며 기억을 해야 합니다.

중요한 일정을 기억해야 하는데 다른 일이 진행 중이면, 그 일정을 적어 두거나 다른 방법으로 기억할 수 없는 경우가 있습니다. 운전하는 도중, 아침에 아비타르가 전화를 했는데 다시 내가 전화를 주겠다고 하고는 하지 않은 것이 기억납니다. 손님과 이야기 중에 오늘까지 제품 주문을 해야 한다는 것이 기억납니다. 엘리베이터를 타고 가는 도중에 친구와 비슷하게 생긴 사람을 본 순간, 오늘 저녁 연주회에 함께 갈 수 있는지 친구에게 답을 해 주어야 한다는 것이 기억납니다.

다이어리는 이 상황에서 도움이 되지 않습니다. 다이어리는 미팅이 진행 중일 때 "다니가 공항 면세점에서 술을 한 병 사오라고 했다."고 일깨워 주지 못합니다. 다이어리는 섀런을 만나고 있는 동안 섀런에게 빌린 돈을 갚으라고 말해 주지 않습니다. 기억만이 이런 상황에서 우리에게 도움을 줍니다.

기억 정리하기 - 방의 구조를 이용한 로마식 훈련

집에 대한 자세한 정보를 준비합니다. 첫 번째는 냉장고, 두 번째는 개수대입니다. 이것으로 무엇을 하나요? 목록을 만들어 기억을 정리합니다. 그것은 서류를 모아 놓은 폴더나 서랍과 같습니다.

여러분은 전화 요금, 보험료, 은행에 납부해야 하는 고지서들을 어떻게 처리합니까? 서류철 한 개에 '집에 관련된 고지서'라고 적고 다른 서류철에는 '은행'이라고 적습니다. 자동차에 대한 서류에는 자동차 검사, 정비소 명함, 영수증 등 자동차와 관련된 모든 것을 모아 둡니다. 우리가 정보를 기억하는 것도 마찬가지입니다. 새로운 정보가 입력이 되면 서류철을 '방'이라는 이름으로 만들고 그곳에 우리의 상상력을 발휘하여 내용을 입력합니다.

부엌의 예를 들면 '내일의 약속을 하는 곳'으로, 거실은 '전화를 걸 수 있는 곳'으로, 침실과 욕실은 '구멍가게'라고 이름을 붙입니다. '내일의 약속을 하는 곳'의 목록은 부엌에 넣습니다. 이미 존재하는 정보(집에 있는 물건들)를 새로운 정보에 연결 짓는 것입니다.

1. 집에 있는 물건을 좀 더 구체적으로 상상하기
2. 새로운 정보를 자세한 그림으로 바꾸기

3. 1번과 2번처럼 상투적인 것이 아니라, 말이 되지 않으며 어처구니없거나 우스운 그림으로 상상하기

부엌에 있는 목록부터 시작해 봅니다. 첫째는 냉장고입니다. 냉장고를 내일 기억해야 하는 첫 번째 약속과 연결 지어 상상해 봅니다. 첫 번째 해야 할 일은 비디오테이프를 반납하는 것입니다. 냉장고 문을 열면 냉장고의 칸마다 비디오테이프가 가지런히 정리가 되어 있습니다. 제일 위 칸에는 공포영화, 싱싱고에는 드라마, 채소 서랍에는 액션 비디오테이프로 나뉘어 있습니다.

두 번째는 개수대입니다. 내일 기억해야 할 두 번째 일은 친구에게 빌린 돈을 갚는 것입니다. 친구가 우리 집에 와서 개수대 옆에 서 있습니다. 친구는 지폐 한 장을 꺼내더니 수돗물을 틀어 그 지폐를 닦습니다. 수세미에 세제를 묻혀 돈을 닦고 헹굽니다. 지폐의 물기를 빼기 위해 지폐를 흔들고는 머리를 돌려 나를 쳐다보며 웃으면서 말합니다.

"내 돈 갚는 것 잊지 않았지?"

세 번째는 전자레인지입니다. 기억해야 하는 세 번째 일은, 이달의 판매 실적을 서류로 작성하는 것입니다. 전자레인지의 문을 엽니다. 전자레인지 속에 종이 뭉치를 넣고 5분 동안 열을 가합니다. 전자레인지 속에서 종이 뭉치가 돌아가는 것을

봅니다. 시간이 지나면서 하얀 종이가 서서히 갈색으로 갈색으로 변해 가면서 글자와 단어가 두드러지게 크게 보이는 것을 상상합니다. 5분 후에 전자레인지가 멈추고 문을 열어 보니 종이 뭉치는 서류로 변해 있습니다. 전자레인지가 마법을 써서 서류로 만든 것입니다.

네 번째는 오븐입니다. 네 번째 기억해야 하는 일은 우체국에 가서 범칙금을 내고 유럽에 있는 친구들에게 편지를 보내기 위한 우표를 20장 사는 것입니다. 오븐 문 위에 경찰서에서 발급한 가로 세로 1미터 크기의 범칙금 고지서가 붙어 있습니다. 문에 붙어 있는 고지서를 떼어 내려고 노력합니다. 고지서는 작은 조각으로 찢어져서 일부는 떨어지고 나머지는 오븐 문에 흉하게 붙은 채로 남아 있습니다. 오븐 위에는 가스레인지가 놓여 있습니다. 냄비에 물을 붓고 20장의 우표를 넣은 다음 끓입니다. 큰 주걱으로 우표를 잘 저어 줍니다.

부엌 목록의 마지막은 식탁입니다. 내일 해야 할 일은 리나의 생일에 꽃다발을 보내는 것입니다. 식탁을 커다란 화분 한 개로 바꾼 것을 상상합니다. 화분에는 10송이의 분홍색 장미가 심어져 있습니다. 화분 가운데 "리나, 생일 축하해!"라고 씌어 있는 커다란 생일 축하 카드가 꽂혀 있습니다.

해야 할 일과 부엌의 물건을 연결 지어 연상 작용을 통해 기억하는 것을 배웠습니다. 상상을 할 때는 서로 연결하는 그림이 구체적이어야 합니다. 과장되거나 말이 안 되는 것처럼 보여도, 상상하는 그림을 머릿속으로 확실하게 그려야 합니다. 너무 일반적이거나 보지 않아도 뻔한 내용을 연결시키면 재미가 없고, 큰 의미도 느낄 수 없어 효과적인 연상 작용이 될 수 없습니다. 따라서 기억도 하지 못합니다. 이상한 그림, 말도 안 되는 상황, 비논리적인 사건은 재미있기 때문에 쉽게 기억합니다.

기억해야 할 일을 연결시켜 그림을 떠올릴 때는, 상세하고 분명하게 상상을 해야 합니다. 돈을 빌려 준 친구가 지폐를 물로 씻을 때 어떤 옷을 입고 있었나요? 냄비에 넣고 끓인 우표에 어떤 그림이 그려져 있었나요? 위의 질문에 정확하게 대답할 수 있을 정도로 세세한 부분까지 신경 써서 상상해야 합니다.

하루가 지났습니다. 오늘 하려고 했던 일은 무엇인가요?

아침을 먹고 이를 닦고 집을 나서려고 합니다. 오늘 하루 일정을 살펴보세요. '오늘 해야 할 일'을 부엌 물건에 연결시킵니다. 부엌 목록을 꺼내어 물건을 훑어봅니다.

첫째 물건은 냉장고입니다. 냉장고 문을 열어 확인합니다. 비디오테이프가 냉장고 칸마다 종류별로 나뉘어 있습니다.

"정말 다행이야. 집에서 나가기 전에 비디오테이프를 봤으니……."

비디오테이프를 꺼내 가방에 넣습니다.

두 번째 물건은 개수대입니다. 부엌의 개수대와 어떤 내용을 연결 지어야 하나요? 친구에게 빌린 돈을 갚는 것입니다.

세 번째 물건은 전자레인지입니다. 전자레인지에서 나온 것은? 판매 실적 서류.

네 번째 물건은? 오븐입니다. 오븐은 무엇을 떠오르게 하나요? 오븐에 붙어 있는 범칙금 고지서와 우표 사는 일입니다. 이 두 가지가 떠오르면 우체국에 가야 합니다.

다섯 번째 물건은? 식탁입니다. 식탁은 무엇을 떠오르게 하나요? 리나의 생일을 축하하는 꽃을 보내는 것입니다.

'오늘 기억해야 하는 일'의 목록을 끝냈습니다.

이제 마음이 홀가분한가요?

잠깐, 아직 확실하지 않은 두 가지가 있습니다.

첫째, 어떻게 하루 동안 해야 할 일을 아침이나 그날 하루 중에 기억할 수 있나요? 둘째, 친구에게 돈을 갚아야 한다는 것을 기억하고 있긴 하지만, 막상 친구를 만났을 때 어떻게 하면 잊지 않을 수 있을까요?

가장 좋은 방법은 시간을 정해 놓고 해야 할 일을 습관적으로 돌아보는 것입니다.

상상으로 기억하기

해야 할 일을 적은 목록이 있습니다. 우리는 해야 할 일을 미루거나 다른 일을 하다가 기억하지 못하는 경우가 종종 있습니다. 하루 일과를 마치고 나서 오늘 해야 했던 일을 돌이켜 봅니다. 아침에 가방에 넣어 가지고 온 비디오테이프 반납하는 것을 잊어버렸습니다. 돈을 빌렸던 친구와 오늘 회사에서 만나 수다를 떨었는데, 정작 빌린 돈을 갚는 것은 깜빡 잊었습니다.

컴퓨터의 소프트웨어로 이런 문제를 해결하는 방법이 있습니다. 대부분 워드 프로세서 소프트웨어에서는 서류를 작성할 때 일정 시간이 지나면 자동으로 저장됩니다. 비행기에는 자동 항법장치가 있어서, 예정된 경로와 고도를 벗어나지 않도록 도와줍니다.

약속이나 해야 할 일을 기억하기 위해서는 주어진 상황에서 장소와 행위에 대한 연상 작용을 해야 합니다. 친구에게 빌린 돈을 갚아야 하는 것을 잊지 않기 위한 예를 들어 봅시다. 친구가 당신과 같이 일하고 있습니다. 친구는 4층에서, 당신은 2층에서 근무합니다. 아침에 회사에 일하러 가는 모습을 상상합니다. 주차장에서 출입문으로 들어가는 모습, 이때 엘리베이터를 타서 2층을 누르지 않고 4층을 누릅니다. 그다음 날도 2층을 누르려고 하면 마음이 편하지 않아 4층을 누릅니다. 회사가 아닌 다른 곳에서 친구를 만나기로 했는데, 친구에게 돈을 빌린 사람은 친구와 악수하는 것이 허락되지 않습니다. 친구에게 악수를 하려고 다가가는데 친구는 외면하고 지나가는 장면을 상상합니다. 무척 당황스러운 상황입니다. 물론 실제로는 이런 일이 일어나지 않겠지만 돈 갚는 것을 잊지 않기 위해 이런 상상을 하는 것입니다.

점심을 먹고 우체국에 가려고 마음을 먹었습니다. 점심을 먹으려는 식당이 회사에서 조금 떨어진 곳에 위치하고 있어서 자동차를 가지러 주차장에 갔습니다. 자동차 바퀴에 바람이 빠져 있습니다. 어찌된 일일까요? 고약한 경찰이 벌금을 내지 않는다고 벌을 주기 위해 자동차 바퀴의 바람이 빠지게 한 것입니다. 바람이 빠진 것을 보는 순간 벌금이 떠오릅니다. 그때 경찰이 오토바이를 타고 가는 사람을 멈춰 세웁니다. 할리 데이비슨 오토바이를 탄 사람은 속력을 내서 위험하게 달렸습니다. 경찰은 오토바이 탄 사람에게 범칙금 고지서를 발부합니다.

"이걸 가지고 뭘 어떻게 하라는 거죠?"

오토바이를 탄 남자가 껄렁대면서 말합니다.

"아, 간단합니다. 이런 종이 두 장만 모으면 자전거를 한 대 받습니다."

경찰이 대답합니다.

친구 생일에 꽃 배달을 시키려면 다음의 두 가지 일을 해야 합니다. 아침에 머릿속으로 오늘 할 일이 무엇인지 정리를 하고 나서 즉시 꽃집에 전화를 걸어 친구의 집 주소를 알려 줍니다.

"즉시 해야 하나요? 조금 여유 있는 시간까지 몇 시간이라도 미루지 말고 전화를 해야 하나요?"

네, 그렇습니다. 꽃바구니가 컴퓨터 옆에 놓여 있고 전화선은 초록색 덩굴에 감겨 있는 것을 상상합니다.

아침저녁으로 약 먹는 것을 기억하려면 약과 함께 칫솔을 기억합니다.(아침저녁으로 이를 닦는 것에 연결해서 상상합니다.) 칫솔에 치약 짜는 것을 상상합니다. 칫솔에 짠 치약 덩어리를 보면서 알약을 떠올립니다.

어떻게 그게 가능한 일이냐고 생각하고 있나요? 나도 여러분과 같은 생각을 했습니다. 그러나 안 된다고 생각하면 그 무엇도 성공하지 못합니다.

다시 여러분에게 이야기합니다. 구체적이고 정확하고 강렬한 그림을 상상해야 합니다. 그러지 않으면 연상 작용을 하기 힘들고 따라서 기억하기도 어렵습니다.

뭔가 기억났어요!

갑자기 무엇인가 떠오를 땐 어떻게 하면 될까요? 운전하던 도중 친구에게 전화를 걸어 주어야 하는 일이 떠오르거나, 손님과 이야기 도중 제품 주문서를 보내야 하는 것이 기억난 경우입니다. 운전 도중 친구에게 전화를 해 주어야 하는 경우, 빨리 집의 구조를 기억하는 방법을 씁니다. '거실'이라는 파일을 열고 거실에 있는 물건을 생각해 봅니다. 첫 번째 물건은 오디오입니다. 오디오와 친구를 묶어서 생각합니다. 친구가 오디오

위에서 펄쩍펄쩍 뜁니다. 오디오가 심하게 부서지면 우리는 무척 화가 나겠지요.

손님과 이야기 도중 제품 주문서를 보내야 하는 것이 기억납니다. '거실'에서 두 번째 물건은 텔레비전입니다. 주문해야 하는 그 제품을 사려는 사람들이 줄을 서 있는 모습이 텔레비전에 나옵니다. 이런 식으로 기억에 책임을 부여하면 기억은 여러분을 실망시키지 않을 것이라고 생각합니다.

보너스 - 다이어트 중인 것을 어떻게 기억할까

다이어트와 기억은 서로 관계가 있습니다. 우리는 다이어트를 하면서 다이어트 중이라는 것을 잊고 배가 부를 때까지 먹을 때가 있습니다. 엄마가 맛있는 음식을 해 놓으면 먹지 않을까요? 아니죠, 먹습니다. 친구가 저녁 식사 초대를 하면 가지 않을까요? 당연히 갑니다. 다이어트하고 있는 것을 기억하려면 음식과 연관 지어 우리가 먹으면 좋지 않은 것을 떠올립니다. 음식과 관련된 즐겁지 않은 일을 상상합니다.

대부분의 사람들에게 음식은 즐거운 것을 연상시킵니다. 그러나 다이어트를 기억하기 위해서는 건강을 해치는 음식을 떠올려 봅니다. 사탕, 과자, 아이스크림을 통증과 징그러운 느낌으로 연결시킵니다.

아이스크림은 도저히 참을 수 없는 과민성 대장의 복통을 떠올리고, 과자 속에서는 벌레가 나오는 것을 상상합니다. 사탕은 치과에서 치료받는 장면을 상상합니다. 사탕을 많이 먹어 구멍이 난 이를 마취 주사도 놓지 않고 갈아서 치료한다면?

이 방법이 별로 도움이 되지 않는다면 아래의 말을 기억하세요.

"언제든 먹고 싶으면 먹을 것. 그러나 절대로 삼키지 말 것."

정리해서 머릿속에 기억하는 것을 습관화시켜야 합니다. 어떤 방식으로 정리해서 기억하는 것이 좋은지 빠르게 결정하고 기억합니다. 이렇게 하다 보면 시간이 지나면서 습관적으로 다양한 생각과 아이디어를 떠올려 그 외의 여러 가지 것을 정리해서 기억하고 있다는 것을 알게 될 것입니다. 새롭게 기억해야 하는 일이 생기면 신속하게 '방의 구조'에 연결해서 효과적으로 기억하도록 합니다.

머릿속으로 서류 정리를 하듯이 정리가 되면, 어떤 상황이나 어떤 장소든지 빠르게 기억하는 것이 가능합니다. 잠들기 전에 침대에 누워서 내일 책을 반납하는 것을 기억하고, 샤워를 하면서 친구에게 들려줄 유머 시리즈를 기억하고, 부엌에서 요리를 하면서, 축구를 하면서, 전화를 받으면서 떠오르는 일들을 모두 기억할 수 있습니다. 벌금을 내는 것만 기억하는 것이 아니라 몇 월 며칠까지 내야 한다는 것도 기억하게 됩니다.

2 열쇠는 어디에? 이런, 손에 쥐고 있었잖아!

정신없이 출근 준비를 하다가 이런 일을 겪은 적이 없나요? 있다면 그것은 몇 번이나 됩니까?

집에 돌아와서 열쇠를 던져두었습니다. 이튿날 서둘러 가방에 지갑과 휴대전화를 집어넣고 집을 나서는데 집 열쇠가 보이지 않습니다. 열쇠를 잃어버린 걸까요? 아닙니다. 열쇠를 놓아둘 때 주의를 기울이지 않아서 그런 것입니다. 주의를 기울이거나 신경을 쓰지 않고 열쇠를 던져두었고, 필요한 물건을 챙겨 가방에 넣는 데에만 관심을 기울였기 때문입니다. 아무 생각 없이 열쇠를 던져 놓았기 때문에 내 손이 한 일에 대한 기억과 열쇠에 대한 기억이 나뉘어 있습니다.

열쇠를 어느 곳에 두었는지, 안경을 어디에 두었는지 알려면 의식적으로 관심을 가져야 합니다. 텔레비전 위에 열쇠를 올려놓으면서 몇 초 동안 의식적으로 기억합니다.

'이곳에 열쇠를 올려놓은 거야.'

행위와 기억을 서로 연결시켜야 합니다. 열쇠를 소파 위에 올려놓았다면, 소파에 진한 얼룩이 진 것을 상상합니다. 펜을 텔레비전 위에 올려놓은 것을 잊지 않으려면, 펜이 터지면서 텔레비전도 폭발하는 것을 상상합니다.

기억하기 가장 좋은 방법은 장소를 정해 놓고 늘 그곳에 물건을 두는 것입니다. 기억도 습관적인 것이라서, 몸에 익어야 합니다.

몇 년 전에 낯선 레시피를 보고 맛있는 케이크를 만들었습니다. 그 후로 케이크를 구워 보지 않았다면, 케이크 만드는 법을 잘 기억하지 못할 것입니다. 반면 몇 주마다 한 번씩이라도 케이크를 구웠다면, 책이 없어도 케이크 굽는 방법을 익히고 있기 때문에, 즉 습관화되었기 때문에 잘 만들 수 있을 겁니다. 회교도들은 모슬렘 사원에 들어갈 때 신을 벗습니다. 그들은 항상 그렇게 했기 때문에 몸에 배어 있습니다.

설거지가 끝나고 음식물 쓰레기를 버리는 것이 습관화되어 있다면, 여행을 떠나서도 "싱크대에 음식물 쓰레기를 그대로 두고 와 버렸네! 지금쯤이면 음식물 쓰레기 냄새가 집 안에 진동하겠군." 이런 걱정을 하지 않아도 될 것입니다.

집 현관문을 제대로 잠갔던가?

'문 잠그기 강박'도 우리가 한 번쯤은 겪어 봤을 골칫거리입니다. 집에서 나와 버스를 타고 가던 중, 일을 하다가 갑자기 떠오른 이 생각, '문을 제대로 잠갔나?'라는 생각 때문에 걱정되기 시작합니다.

"잠깐, 문을 잘 잠갔나? 문을 잠그지 않았나? 집에 전깃불은 모두 껐나? 가스는 잘 잠갔나?"

여러분도 이미 겪어 본 일일 겁니다. 대부분의 사람들은 걱정을 하다가 포기하고 그저 별일 없기만 바랍니다. 이런 걱정을 자주 하게 되는 분이라면, 이와 관련된 보험을 들어 두거나 전기료를 더 내야 할 겁니다. 왜 걱정하시나요? 이 문제에 대한 단순한 해결책이 있습니다. 외출할 때마다 문을 잠그고 나서 문을 쳐다보며 여러분 자신에게 이렇게 말하는 습관을 가지세요.

"문을 잠갔어. 나는 문 잠근 것을 알고 있어. 걱정할 것 없어."

문의 손잡이를 두 번 정도 돌려 봅니다. 그렇게 하고 나서도 걱정이 되면 문을 잠그고 나서 자신에게 위와 같은 다짐을 하고 나왔는지를 기억해 봅니다.

지갑은 어디에?

열쇠의 경우 일정한 곳에 두는 습관을 들이라고 앞에서 이야기했습니다. 작은 바구니나 유리 접시에 놓아두거나 현관 벽에 건 다음, 접시와 열쇠를 연결 지어 생각합니다. 열쇠를 접시에 올려놓으면 열쇠가 에너지를 얻는다는 상상을 해 보는 것입니다. 접시에 열쇠를 놓는 순간 신비한 보라색 광채를 내며 에너지를 뿜어냅니다. 이 열쇠는 다른 물건과 닿으면 에너지를 잃어버립니다.

 지갑은 빛에 무척 예민한 물건으로 상상합니다. 몇 분 이상 빛에 노출시키면 안 될 만큼 극도로 예민하고 까다로운 물건입니다. 그래서 가방이나 뒷주머니, 서랍 속과 같이 항상 어두운 곳에 들어가 있습니다. 밖에 나와 있으면 지갑에 눈독을 들이는 나쁜 사람들이 있습니다. 그래서 사람들 눈에 띄지 않게 깊숙이 넣어 둡니다. 집에 돌아오면 지갑을 서랍 속에 넣어 둡니다. 지갑을 서랍 속에 넣을 때는 '펑' 하는 소리가 난다고 상상합니다. 집에 돌아와 호주머니에서 지갑을 꺼낼 때 '지갑이 펑 하는 소리를 내야 하는데…….'라고 생각하는 것입니다. 펑 소리와 함께 지갑을 서랍에 넣어야 한다는 기억이 날 것입니다.

 이 이야기와 관련하여 생각나는 에피소드가 있습니다. 프랑스 작가 발자크의 집에 한밤중에 도둑이 들었습니다. 도둑은 침실로 들어가 숨죽여 책상 속에 감추어 둔 돈이 있는지 뒤지고 있었습니다. 그런데 침대 쪽에서 키득거리는 웃음소리가 났습니다. 도둑이 얼굴을 돌려 보니 발자크가 침대에 앉아 그를 바라보며 웃고 있었습니다.

"뭐가 그렇게 우스운 거요?"

도둑이 놀라 물었습니다.

"당신이 한밤중에 서랍에서 돈을 찾고 있는 게 우습군요. 집 주인도 오늘 하루 종일 그 서랍에서 돈을 찾았더랬는데……."

잊어버린 것 기억하기

기억할 때 가장 좋은 방법은, 사물을 일일이 기억하려고 하지 말고 그 사물에 대한 배경을 떠올린 다음 상황을 더듬어 기억해 보는 것입니다.

"무엇을 하려고 했더라?"

자신에게 물어봅니다. 이 상황 전에 무엇을 했는지 기억해 봅니다.

"집에 들어와서 먼저 거실에 간 다음 화장실에 갔는데……."

이런 정석대로의 방법은 너무 밋밋하고 일반적입니다. 사라진 열쇠의 경우, 집으로 들어오는 길에 무슨 생각을 하면서 들어왔는지 기억해 내야 합니다. 좋아하는 텔레비전 프로그램을 보기 위해 서둘러 들어가지 않았나요? 열쇠에 신경을 쓰지 않고 놓아둔 것은 아닌가요? 계단을 올라가면서 집에 도착하자마자 내일 필요한 책을 가방에 넣어 두어야겠다는 생각에 몰두하지는 않았는지? 그래서 무심코 열쇠를 서재에 놓아둔 건

아닐까요?

　자동차를 주차할 때도 어느 곳에 주차했는지 주의를 기울여야 합니다. 근처에 커다란 나무나 눈에 띄는 빌딩이 있는지 살펴봅니다. 차에서 내릴 때마다 문을 닫고 잠근 뒤 발레를 하듯 360도로 돌면서 주변을 살펴보는 것입니다. 우스워 보이지만 주위를 한 바퀴 돌면서 새로운 장소를 파악하고 자동차가 어느 곳에 있는지 알아 두는 것입니다. 주차할 때 주의를 기울이지 않았다면, 주차를 하기 전까지 주차에 대해서 작은 것 하나라도 겪거나 생각했던 사항이 있는지 기억을 더듬어 봅니다. 여성 전용 주차장 같은 특정한 장소에 주차를 하려고 했다거나, 주차하려고 했던 층의 주차장이 모두 꽉 차서 자리가 없었고, 2층에 빈자리가 있어서 주차를 하려고 하는데 다른 차가 먼저 주차를 했다는 등의 일들입니다.

　어떤 계획을 세웠고 그 일에 어떤 배경이 있었는지가 중요합니다. 지금 당장 기억하지 못하면 그대로 내버려 둡니다. 의식적으로 찾으려고 하지 않고 무의식적인 상태에서 찾도록 기다립니다. 기억이 나지 않아도 스스로 안정감을 갖는 것이 중요합니다. 잊어버린 것은 별문제가 되지 않습니다. 우리의 뇌는 항상 잊어버린 것, 사라져 버린 것을 찾기 위해 계속 일하고 있으니까요.

3 숫자와 글자를 연결하여 기억하기

다음의 숫자를 잘 살펴보세요.

6103845656310105065610104485650101465650 15
6156565659489293956639394949556394785749393
2003419026431223468565491294384655613495001
0645656393454939734247845207908173646306536
5106156564921092465691743845956048304860208
4578573087457092374772010145834201028374565
6645745836403052345345780081277347703114701
4713347654740302893745656329202 87465

10자리의 수나 100자리의 수뿐만 아니라, 앞에 적은 많은 자릿수의 수도 기억할 수 있습니다. 이러한 숫자를 한 번 보고 난 다음 앞에서 뒤로, 뒤에서 앞으로 차례를 바꿔 기억하는 것도 가능합니다. 숫자를 이용한 기억력 연습 결과를 선보일 때, 사람들은 놀라면서 이렇게 말합니다.

"놀라워요. 정말 기억력이 뛰어나십니다."

"기억력이 좋다는 걸 언제 알게 되었나요?"

"보고 듣는 모든 것을 다 기억할 수 있으니 얼마나 좋으세요?"

이런 이야기를 들을 때마다 저는 속으로 빙긋이 웃습니다. 칭찬을 받는 순간 아내의 얼굴이 떠오르기 때문입니다. 아내는 제게 이렇게 말하곤 합니다.

"경이로운 기억력 같은 소리!"

사실 저는 쓰레기를 버리기로 아내와 약속한 것을 일곱 번이나 잊어버린 적이 있습니다.

100자리 수를 기억하는 것은 그리 복잡한 것이 아닙니다. 단순한 기술만이 필요할 뿐입니다. 제 목표는 어떻게 하면 여러분이 쉽게 100자리 수를 기억하게 하느냐는 것입니다. 그 방법을 배우고 나면 여러분은 알고 보니 그거 별거 아니었다고 할 겁니다. 전화번호, 생일, 중요한 날짜 등 숫자와 관련된 것을 기억해야 할 때는 다음과 같은 방법을 쓰세요.

숫자를 글자로 바꾸어 기억하는 방법

보통 숫자를 기억하는 것은 어렵다고 합니다. 그러나 숫자를 구체적으로 재미있게 상상해서 기억하는 거라면 어떨까요?

숫자를 기억하는 일이 유난히 어렵다고 생각하는 사람들도 있습니다. 그러나 한 가지 숫자를 여러 방향에서 검토해 볼 수 있다는 사실을 알면, 그리 어렵지 않을 것입니다. 36이라는 숫자는 6을 두 번 곱한 수이기도 하고 나이가 36살인 노총각, 36명의 손주, 36번지의 집 등 매우 다양하게 생각할 수 있습니다.

4051348이라는 전화번호를 외워야 한다고 가정해 보면, 405는 먼저 예루살렘에서 텔아비브까지 운행하는 405번이라는 노선 번호로 볼 수 있고, 13은 남자 아이들이 성인식을 하는 나이이며, 48은 이스라엘의 건국 연도입니다. 수학을 잘하는 사람이면 다른 방법으로 이 숫자들에 의미를 부여할 수 있을 것입니다. 이런 방법으로 숫자를 기억하는 것은 이미 100년 전에 시작되었습니다.

0부터 9까지의 수와 연결한 예를 보여 드리겠습니다. 다음에 나오는 표를 먼저 기억합니다. 주의를 기울여 표를 보도록 하세요.

1 - T

2 - N

3 - M

4 - R

5 - L

6 - G, J

7 - K, G

8 - F, V

9 - P, B

0 - Z, S

　영어에서 자음을 연결하는 모음인 a, e, i, o, u를 넣어 단어를 만듭니다. 모음은 글자를 이어 주는 역할만 하므로 숫자로 바꾸어 쓰지 않습니다.

　숫자 21의 예를 들어 보겠습니다. 21에서 2는 N이고 1은 T입니다. 이것을 단어로 만들 때 a, e, i, o, u 중 하나를 골라 연결시킵니다. 이렇게 연결해서 얻을 수 있는 단어는 Not(아니오), Nut(견과류)입니다.

　숫자 12로 만들어지는 단어도 두 개입니다. 1은 T이고 2는 N이므로 Ten(10), Ton(무게단위, 톤)입니다.

　다음에 숫자를 단어로 바꾸어 기억하는 몇 가지 예를 들었습니다.

22 - (2=N, 2=N)=Nun(수녀)
49 - (4=R, 9=P, B)=Rope(밧줄)
218 - (2=N, 1=T, 8=F, V)=Notify(알리다)

위에서는 숫자를 단어로 바꾸는 것을 연습했습니다. 단어도 숫자로 바꾸어 기억하면 편리합니다. 'Beer'는 영어로 맥주인데 이 단어를 숫자로 나타내 보겠습니다. 항상 기억해야 할 것은 글자를 연결할 때 모음 a, e, i, o, u를 사용한다는 것입니다. B=9, R=4이므로 맥주는 94에 해당합니다.

숫자를 단어로 바꾸는 연습

다음에 적어 놓은 숫자를 단어로 바꾸는 연습을 합니다. 모음 a, e, i, o, u를 사용하여 자음을 연결하면 하나의 단어가 됩니다. 무의미한 숫자 대신 의미가 있는 단어가 더욱 기억하기 쉽습니다.

0 - Z, S   15 - Tale(동화)
1 - T   76 - Gag(개그)
2 - N   97 - Pig(돼지)
3 - M   58 - Leaf(나뭇잎)
4 - R   85 - Feel(느낌)

5 - L					74 - Gear(기어)
6 - G, J				13 - Tom(톰, 남자아이 이름)
7 - K, G				65 - Goal(목표)
8 - F, V				30 - Masai(아프리카 마사이족)
9 - P, B				41 - Rat(쥐)
						687 - J. F. K (미국대통령 존 에프 케네디)

연결하는 모음 글자를 어떤 것을 쓰는지에 따라 다른 단어가 여럿 만들어질 수 있습니다. 단어는 추상적인 것보다는 구체적이어야 합니다. 61이라는 숫자는 Gate(문)라는 단어와 Get(얻다)라는 단어로 만들 수 있습니다. '문'은 '얻다'보다 더 구체적이라서 상상하기 쉽고 기억하기도 쉽습니다. 그래서 61은 Gate, 문으로 기억하는 것이 더 좋습니다.

다음 숫자를 단어로 바꿔 보세요.

0 - Z, S			31 -
1 - T				32 -
2 - N				48 -
3 - M				67 -
4 - R				59 -
5 - L				95 -

6 - G, J   07 -
7 - K, G   33 -
8 - F, V   37 -
9 - P, B   51 -
                  88 -
                  99 -
                  90 -

4 전화번호를 이용한 기억력 훈련

열여섯 살 된 딸이 친구와 평균 45분 동안 통화를 합니다. 어느 날 딸이 20분 만에 전화를 끊었습니다.

"어쩐 일이야? 20분 만에 통화를 다 끝내다니."

엄마가 살짝 비꼬는 투로 묻자 딸은 대답합니다.

"아, 그거요? 잘못 걸려 온 전화였어요."

많은 사람들이 '쪽지의 날'이라는 것을 경험합니다. '발견의 기쁨'을 한껏 누릴 수 있는 날이지요. 그날은 옷을 세탁하면서 찾아낸 쪽지를 꺼내, 쪽지에 적혀 있는 전화번호나 메모를 적어 두는 날입니다. 없어졌다고 생각했던 5, 6장의 쪽지가 큰 주머니에서 나옵니다. 쪽지가 나오면 쪽지에 적혀 있는 숫자나

글을 해석해야 합니다.

"여기 적혀 있는 두 개의 전화번호는 누구의 것일까? (레비 박사의 것으로 추정함) 아비는 누구지? 이 지역번호는 어디지? (아비 노암인 것 같은데…….) 이름을 받아 적느라고 지역번호를 잘 듣지 못했어. 그런데 왜 전화번호가 다섯 자리밖에 없는 걸까? 일곱 자리여야 하는데……."

전화번호를 받으면 수첩에 적거나 휴대전화에 저장합니다. 이렇게 하는 것은 처음 단계이고, 다음 단계는 그것을 오랫동안 기억하는 것입니다. 수첩을 가까이에서 찾을 수 없을 때, 불의의 사고로 휴대전화의 메모리가 지워지기 전에, 여러분의 기억을 사용하세요. 숫자를 단어로 바꾸고 단어를 숫자로 바꾸는 방법은 앞에서 배워 알고 있습니다. 여기에서는 그중 전화번호를 이용한 기억력 훈련을 해 보려고 합니다. 이번에도 중요한 것은 '구체적이고 재미있는 상상'입니다. 상상력은 기억의 원동력이 됩니다.

전화번호 안내: 안녕하세요. 114입니다.

고객: 리숀 레치온의 브네 치온가 56번지에 있는 치과의사 아브네르 그린버그 박사의 전화번호를 알려 주세요.

전화번호 안내: 네, 고객님.

자동응답: 문의하신 전화번호는 지역번호 03에…….

고객: 앗, 깜박했다. 자기야, 빨리 펜 좀 가져와. 얼른!

펜은 필요 없습니다. 주의를 기울여 들으세요.

자동응답: 지역번호는 03입니다.

고객: 지역번호 정도는 알고 있다고.

자동응답: 512에······

고객: 5, 1, 2라. 5는 L이니까 Lemon, 1은 T니까 Tree, 2는 N이니까 Near, "레몬트리가 가까이 있다."는 문장으로 기억할 수 있겠군.

자동응답: 9797입니다.

고객: 9는 P니까 Prince, 7은 K니까 King, 9는 P니까 Play, 7은 G니까 Golf, "왕자와 왕이 함께 치는 골프"라는 문장으로 만들어 기억할 수 있겠어.

치과의사 그린버그 박사와 레몬트리, 왕자와 왕, 골프를 묶어서 기억합니다. "그린버그 박사가 레몬트리가 가까이 있는 곳에서 왕자, 왕과 함께 골프를 친다."는 문장으로 기억할 수 있습니다.

드가니트에게서 전화가 왔습니다. 그녀는 동생이 외국에서 돌아올 때 팩스를 사 오겠다고 했는데 깜박 잊어버리고 왔다는 이야기를 했습니다. 그리고 최근에 재미있게 본 영화의 줄거리를 쉬지 않고 이야기합니다. 나는 치과가 문을 닫기 전에 가야 한다면서 미안하다고 말하고 전화를 끊습니다. 그러고 나서 전화기를 들고 그린버그 박사의 치과에 전화를 하려고 합니다.

"전화번호가 어디에 있지?"

책상 위에 놓여 있는 물건을 뒤지면서 전화번호가 적혀 있는 종이를 찾습니다. 114 전화번호 안내원과 나누었던 대화가 기억납니다.

"아, 전화번호를 안 적어 두었지."

전화번호를 듣고 나서 머릿속으로 그림을 그렸던 사실이 떠오릅니다.

"그 방법으로 기억이 되어 있는지 한번 해 볼까. '레몬트리 가까운 곳에서 왕자가 왕과 함께 치는 골프'였는데."

레몬(L=5) 트리(T=1) 가까운 곳(N=2)은 512, 왕자(P=9)가 왕(K=7)과 함께 치는(P=9) 골프(G=7)의 전화번호는 512-9797입니다. 그 전화번호에 전화를 겁니다.

"그린버그 박사님 병원입니다. 안녕하세요?"

여러분의 기억은 성공을 거두었습니다.

이것은 기억력을 활성화시키기 위한 상상력 훈련의 일환입니다. 이렇게 숫자 하나하나마다 단어를 만들어 머릿속으로 이야기를 상상할 수도 있고, 숫자를 둘씩 또는 셋씩 묶어서 더 기억하기 편리한 단어를 만들 수도 있습니다. 친구 집 전화번호가 3446-8773이라고 하면, 34-Mira(여자 이름, 미라), 46-Rug(깔개), 87-Fog(안개), 73-Gum(껌)으로 바꿀 수 있습니다. 단어를 연결해서 문장을 만들어 보면 "미라가 깔개를 산 날 안개가 많이 끼어 있었고 미라는 껌을 씹고 있었습니다."가 됩니다.

다음에 빈 도표가 있습니다. 여러분이 들었으나 기억해 두지 못한 전화번호가 있다면 다음의 도표에 적어 보세요. 이미 기억하고 있는 전화번호는 적지 말고 새롭게 기억해야 하는 전화번호만 쓰시기 바랍니다. 그리고 그 숫자에 따른 단어와 상상의 그림은 나름대로 만들어 보시기 바랍니다.

이름	전화번호	단어	상상하는 그림

 목록 전체를 훑어보며 이름과 전화번호를 잘 연결시켜 상상해 보시기 바랍니다.
 첫 단계는 매일 5개의 새로운 전화번호를 기억하고, 이미 기억하고 지나간 5개의 전화번호는 기억하고 있는지 확인하고 반복합니다. 언제 어디서든 시간이 나면 기억하고 반복하는 연습을 합니다.
 전화번호를 기억하지 못했다면, 여러분이 상상하는 그림이 구체적이지 않았거나, 전화번호와 잘 어울리지 않았기 때문입니다. 떠올리기 쉽게끔 숫자와 그림은 서로 어울리게 상상해야 합니다.
 다음 단계는 꾸준히 연습하는 것입니다. 이미 기억한 전화번호는 2주에 한 번만 반복합니다. 여러분은 서서히 자신이 중요한 전화번호를 모두 기억하고 있다는 걸 알게 될 겁니다. 전화를 건 지 몇 달이 지났더라도, 전화를 걸려고 하면 다시 그 전화번호가 또렷이 되살아날 것입니다. 상상의 그림을 통해서 말입니다.

5 광장을 지나 왼쪽으로

일을 마치고 브로드웨이에 가서 연극을 보기로 했습니다. 길에서 친절해 보이는 노인을 보고 길을 물었습니다.

"실례합니다. 브로드웨이는 어느 쪽으로 가야 하나요?"

"어휴!"

노인은 미소 띤 얼굴로 대답합니다.

"땀깨나 흘리겠는걸. 힘이 많이 들 거요."

"목요일 오후 2시 예루살렘 메투델라 거리 8번지에서 뵙겠습니다."

장소를 기억하는 방법은 두 가지입니다. 만나야 할 사람과 장소를 연결 지어 기억하거나, 약속의 목적, 이유와 연결하는 것입니다. 목요일에 회계사와 만나기로 했습니다. 어떻게 그곳을 찾아갈까요? 일정한 장소와 그곳의 위치는 우리 기억에 맡길 수밖에 없습니다. 운전을 하면서 지도를 보는 것은 매우 위험하고, 작은 네비게이터 화면도 안전을 완전히 보장해 주지는 않습니다.

보통 길을 모를 때 우리는 차를 길가에 세우고 행인에게 묻곤 합니다.

"죄송합니다. 츠비 거리는 어디로 가야 하나요?"

"직진하다가 두 번째 사거리에서 우회전하고, 다시 직진하다가 세 번째 사거리에서 우회전을 하세요."

"직진, 두 번째 사거리에서 우회전, 다시 직진. 세 번째 사거리에서 우회전."

"그리고 바로 좌회전하고요."

"네, 좌회전."

"다시 좌회전, 200미터 가다가 우회전이에요."

"네. 좌회전. 200미터⋯⋯ 그렇군요."

"그러면 주차장이 나올 거예요. 주차장을 지나서 좌회전하면 거기가 츠비 거리예요. 몇 번지를 찾는 거죠?"

"17번지요."

우리는 대답을 하면서도 잊어버리지 않기 위해 머릿속으로 주차장, 좌회전을 곱씹습니다. 어느 정도 설명을 듣고 나면 우리는 이야기를 멈추고 운전을 하며 가다가 다른 행인에게 물어봅니다.

"잠깐, 지금은 직진을 하다가 두 번째 사거리에서 우회전이었지."

"아니에요. 세 번째 사거리에서 우회전."

"아, 그래요?"

행인이 설명해 준 것을 잊었다고 너무 실망하지 마세요. 길을 물어볼 때는 길에 표시가 될 만한 것이 있는지 물어보아야 합니다. "직진하다가 세 번째 사거리에서 우회전"이라면 우회전하는 곳에 은행, 광장, 가게, 주유소 등 특별히 눈에 띄는 것이 있는지 물어봅니다. 길에서 표시가 될 만한 것들을 기억 속에 저장해 두면 길을 찾는 데 큰 도움이 됩니다.

우회전, 좌회전이 헷갈리면 어떻게 할까요? 길을 가르쳐 주는 사람이 세 번째 신호등에서 우회전하고 그곳에 주유소가 있다고 말했다면, 주유소 지붕 위에서 경찰들이 선글라스를 쓰고 우회전하라고 지시하는 모습을 상상해 봅니다. 좌회전하라고 했던 곳에는 건축 자재 백화점이 있습니다. 건축 자재 백화점의 왼쪽 출입구에 갖가지 색의 풍선을 쌓아 올려 기둥을 만들어 놓은 것을 상상합니다. 길에 표시가 될 만한 것을 알고 있다면 목적지를 찾아가는 것이 쉽습니다. 표시가 될 만한 물건 또는 건물에다가 우회전, 좌회전, 직진을 연결시켜 상상하면 됩니다.

목요일, 예루살렘 중심가에 도착했습니다. 약속을 한 회계사 사무실에 전화를 걸었습니다.

"지금 계신 곳이 어딘가요?"

"킹조지 거리입니다."

"그곳에서 직진해서 신호등까지 가세요. 거기서 우회전하시고요."

"신호등 근처에 뭔가 표시가 될 만한 게 있나요?"

"길거리 모퉁이에 킹 데이비드 호텔이 있어요."

그러면 이때, 호텔 현관 오른쪽에 근위병들이 서 있는 장면을 떠올려 봅니다.

"우회전했습니다. 그다음은 어디로 가나요?"

"직진하다가 첫 번째 골목에서 좌회전입니다. 좌회전하는 곳에 은행이 있는데, 은행 이름은 기억이 안 나네요."

"네. 계속하세요."

"직진하다가 20미터쯤 지나면 오른쪽으로 구부러지는 길이 아자 거리로 들어가는 길이에요. 거기서 신호등이 있는 곳까지 직진하세요. 그리고 그 사거리에서 우회전하세요. 우회전하는 곳 코너에 꽃집이 있어요."

"아자 거리에서 꽃집까지 직진하고 그곳에서 우회전."

"끝입니다. 그곳이 메투델라 거리거든요. 8번지로 오세요."

전화를 끊고 킹조지 거리를 달리기 시작합니다. 운전을 하면서 어느 곳으로 갈지 머뭇거리지 않습니다. 첫 번째 목적지는 킹 데이비드 호텔입니다. 커다란 유태인 회당 아래쪽에 킹 데이비드 호텔이 보입니다.

'지금부턴 어디로 가야 하는 거지?'

기억을 해 봅니다. 문제없습니다. 호텔 현관 오른쪽에 근위병들이 서 있습니다. 우회전해서 은행이 있는 곳까지 갑니다. 좌회전하여 직진하다가 아자 거리에서 길이 오른쪽으로 굽어집니다. 계속 직진을 하면 꽃집이 보입니다. 꽃집이 보이면 우회전하는 것을 기억합니다. 메투델라 거리에 도착했습니다.

이 과정을 다음의 표로 정리해 보았습니다.

킹 데이비드 호텔	은행	꽃집
우회전	좌회전	우회전

이렇게 머릿속으로 표로 정리하면 더욱 쉽게 기억할 수 있습니다.

새로운 도시에서의 길 찾기

외국이나 새로운 도시로 여행을 가면, 지도만 들여다보지 말고 주변을 돌아보세요. 교회, 상점, 동상 등 길에서 눈에 띄는 것들을 기억해 두면 헤매지 않고 길을 찾게 될 겁니다. 길에서 표시가 될 만한 것들을 찾으려면 주의를 기울여야 합니다. 부부끼리 여행을 하는 경우, 상대방이 지도를 들고 다니니까 길 잃을 염려가 없다고 생각하지 말고 어느 호텔에 묵고 있는지, 호텔의 위치는 어디인지 함께 기억해 두세요.

젊었을 때 친구와 함께 암스테르담과 파리를 여행한 적이 있습니다. 친구가 길눈이 밝지 않아 제가 길 찾는 역할을 맡았는데, 그 친구는 툭하면 우리가 지금 어디 있는 거냐고 묻곤 했습니다. 문제는 다음 날 서로 헤어져서 각자 돌아다니다가 만나기로 한 것이었습니다. 친구에게 지도를 보여 주고 나서 암스테르담 시내의 릭스 박물관까지 가는 길을 표시해 주고 그곳에서 만나자고 했습니다. 약속 시간이 되어 박물관 계단을 걸어 올라가는데 친구가 먼저 도착해 있는 것이 보였습니다. 나는 조금 뜻밖이라고 생각하며 말했습니다.

"잘 찾아왔네?"

그러자 친구가 말했습니다.

"별문제 없었어. 택시를 타고 왔거든."

택시를 타는 것도 쉽게 길을 찾는 방법이 될 수는 있겠군요.

6 시험을 앞두고

학생들이 준비가 되면 선생님이 온다. – 중국 속담

제가 고등학교에 다닐 때는 이 속담과 반대되는 상황이 많았습니다. 졸린 눈을 비비며 겨우 숙제를 해 가면 선생님이 병으로 결근을 하는가 하면, 어쩌다가 숙제를 잊어먹은 날은 선생님이 잊지 않고 수업에 들어오는 등, 항상 그랬던 것은 아니지만 이런 웃지 못할 일이 종종 생기곤 했습니다. 그러나 이건 어디까지나 우스갯소리일 뿐, 위의 속담은 제가 알고 있는 좋은 속담 중 하나입니다.

공부는 경험입니다. 우리의 삶은 배움의 연속이며, 새로운 정보를 접할 때마다 알고 싶고 이해하고 싶어 하는 지적 자극을 받습니다. 그러나 일상생활에서는 어떤가요. 공부 생각만 하면 '의무', '존재의 이유', '스트레스', '경쟁', '고통', '짜증' 등의 단어를 떠올리게 됩니다. 시험 준비 기간이 너무 짧거나, 시험을 치기 위해 공부해야 하는 양이 너무 많은 경우 시험으로 받는 스트레스는 무척 심합니다.

공부하는 동안 고통스럽지 않고 즐겁게 효과적으로 공부할 수 있는 방법에 대해 생각해 보기로 합시다. 스트레스나 경쟁심만으로 똘똘 뭉친 것이 아니라, 노는 것을 포기하지 않고 공부할 수 있는 방법입니다. 많은 양의 지식을 평소에 공부하는 시간의 절반에 공부하는 것입니다. 이런 방법으로 시작하기 전에 주의해야 할 사항이 있습니다. 어떤 방법이 있든 간에, 열심히 공부하고 반복해서 외우는 기본적인 자세를 잊어서는 안 된다는 사실입니다.

문제 학생의 변화

친구들과 놀러 가기에 아주 날씨가 좋은 어느 날, 누가 교실에 앉아서 공부하고 싶을까요? 저는 공부를 하고 싶지 않은 날은 몇 시간씩 학교를 벗어나서 놀다 오는 문제 학생이었습니다. 교장실에 가서 벌을 받는 일도 많았기 때문에 교실보다 교장실이 더 친숙하게 느껴지기도 했습니다. 시험 점수는 수학의 경우 100점 만점에 24점, 작문은 15점을 받기도 했습니다. 부모님께서도 학교에 여러 번 불려왔습니다.

"잠재력이 풍부한 아이니까 공부를 하기만 하면 좋은 결과를 얻을 겁니다."

부모님들은 선생님들에게 이렇게 말했습니다. 그 후 부모님께서는 제게 몇 가지 주문을 했습니다. 고등학교 졸업 시험을 제대로 치르고, 학교에 매일 출석하며, 정상적인 성적을 받으라는 것이었습니다.

11학년 때 기적이 일어났습니다. 어머니께서 해리 로린의 책을 선물해 주었습니다. 해리 로린은 미국에서 기억력 훈련을 가르치는 필자였습니다. 책을 읽으면서 훈련을 하고 난 뒤 고등학교 졸업 시험을 보았는데, 큰 어려움 없이 통과할 수 있었습니다.

군 제대 후 예루살렘 히브리대학교 국제학과와 스페인어과에 등록했습니다. 대학에 다닐 때 저는 대학 캠퍼스나 카페테리아에 앉아 친구들과 잡담을 하면서 시간을 보내도 될 거라고 생각했습니다. 그럭저럭 시간만 지나면 학위를 받게 되는 거 아닌가? 이렇게 막연한 생각을 한 겁니다. 그런데 대학에 가 보니 그게 아니었습니다. 대부분의 친구들은 밤낮으로 시험에 시달리고 있었습니다. 긴장하고 스트레스를 받고 걱정하면서 공부하는 것이었습니다.

이때 나는 고등학교 졸업 시험 때 훈련했던 기억 방법으로 이틀 동안 공부해서 친구들이 공부한 만큼을 끝냈습니다. 시험을 볼 때는 공부했던 내용이 분명하게 기억이 나서, 마치 책을 펴 놓고 들여다보면서 시험을 치고 있는 것 같았습니다.

저는 결코 머리가 뛰어나게 좋거나 대단한 기억력을 가진 사람이 아닙니다. 기억력이 좋아지는 공부를 할 때는 열 번, 백 번이라도 연습을 하며 기술을 터득했습니다. 다만 다른 학생들과 다른 점이 있다면, 시간에 쫓기거나 스트레스를 받지 않고 즐겁게 공부했다는 점입니다. 최소한의 시간에 효과적이면서 올바른 노력을 기울이는 것이 중요합니다.

모두가 그렇게 하는데……

모든 사람들이 그렇게 하면 나도 그렇게 해야 하는 걸까요? 모든 사람들이 그 길을 가면 그 길은 맞는 길일까요?

끝없이 펼쳐진 사막 한가운데, 사람들이 지나간 자리에 길이 나 있습니다. 사람들은 이미 나 있는 길을 따라 걸어갑니다. 처음 모래사막에 온 사람들은 어디로 가야 할지 몰랐을 것입니다. 이미 나 있는 길을 따라가는 사람들은 이렇게 생각할지 모릅니다.

'이 사람은 어디로 가는지 알고 있었을 거야. 이 길을 가다 보면 그 사람을 만나게 될지도 몰라.'

이렇게 사람들은 남의 뒤를 따라갑니다. 그 후로도 많은 사람들이 그 길을 따라가고 많은 발자국을 남기겠지요. 뒤에 오는 사람들은 이 길이 맞는 길이라고 생각하고 따라가게 되는 겁니다. 길의 끝 부분에 이르러 보면, 그 길을 따라간 사람들이 사막 한가운데서 길을 찾지 못하고 헤매고 있는 모습과 만날 수도 있습니다.

오랜 옛날 대부분의 유럽인들은 지구가 우주의 중심이라고 생각했습니다. 의심의 여지없이 확실히 그렇다고 믿었지요. 코페르니쿠스는, 그리고 이후 갈릴레이는 그렇게 생각하지 않았습니다. 오늘날 기억되는 사람들은 그 '대부분의 유럽인'이 아닌 이들입니다.

공부할 때 반드시 주변이 조용해야 공부가 잘된다고 할 수는 없습니다. 대체로 조용한 환경이 공부할 때 집중하는 데 도움이 된다고 하지만, 개인적으로 성향이 모두 다르기 때문에 반드시 그런 것은 아닙니다. 또 시험 보기 5일 전에 반드시 시험공부를 시작할 필요는 없습니다. 마찬가지로 강의 시간에 교수님의 말씀에 꼭 동의해야 하는 건 아닙니다.

'코지 판 투테.' 모두 그렇게 한다는 뜻으로, 이 문장은 오래된 속담입니다. 많은 사람들이 이런 방식으로 교육하고 또 교육받고 있습니다. 우리는 사회에 속해 있고 규칙을 따르며 살고 있지만, 우리 각 개인은 서로 개성이 다양하며 관심, 성향, 능력이 모두 다릅니다. 어떤 과목이 재미있어서 선택을 했는데 시험 때는 그 과목으로 인해 스트레스를 받기도 합니다. 시험으로 인한 스트레스도 있지만, 함께 공부해서 시험을 치는 다른 학생들로부터 받는 스트레스도 있습니다. 다른 학생들이 여러분 자신보다 더 똑똑해 보이고 실력도 좋다고 생각합니다. 그러나 그들은 여러분이 느끼는 것보다 더 큰 스트레스를 여러분으로부터 받고 있는지도 모릅니다.

이제부터 효과적으로 공부하는 방법을 배워 보도록 하겠습니다.

멈출 때와 달릴 때, 신호등의 원리

아침에 늦잠을 자고 일어나면 마음이 편치 않습니다. 우리는 보통 아침에 늦게 일어나 직장이나 학교에 지각한 사람들을 보면 게으르다고 생각합니다. 이스라엘의 공동체 농장인 키부츠 사람들은 새벽 4시에 목장, 농장, 들판에 일하러 갑니다. 제가 군대에 있을 때 조교였던 여군 츠비야는 새벽에 일찍 일어나서 정원에 나가 잡풀을 뽑고 아침 식사를 했습니다. 그런 뒤 다른 군인들이 겨우 눈을 비비면서 식당에 들어오면, 아침 시간을 유용하게 효율적으로 쓰지 못하고 게으르다며 면박을 주었습니다. 저는 항상 가장 늦게 식당에 도착했기 때문에 그녀의 꾸짖음을 귀에 못이 박힐 정도로 들었습니다.

사람들이 아침에 일어나는 유형을 살펴보면, 아침 시간을 효과적으로 쓰는 아침형 인간과 저녁 시간에 늦게까지 일을 하고 늦게 일어나는 저녁형 인간이 있습니다. 저의 경우 뇌가 가장 활발하게 움직이는 시간은 오전 10시에서 12시, 오후 5시에서 8시 사이입니다. 이 시간에 집중력, 이해력, 기억력이 최상의 상태입니다. 그렇다고 해서 그 외의 시간에 뇌의 활동이 정지되는 것은 아닙니다. 저는 이 시간을 빨강 시간, 초록 시간이라고 부릅니다. 빨강 시간에는 멈추고 초록 시간에는 활발하게 움직이는 것을 뜻합니다. 길을 갈 때 계속해서 빨강색 신호등이 켜지면 설 때마다 짜증이 나기 마련입니다. 초록색 신호등만 켜지면 멈춰 서지 않아도 되고 막히지도 않아서 부드럽게 주행을 하게 됩니다. 여러분만의 '최고의 시간', 뇌가 가장 활발하게 주행하는 시간을 이용해서 하고자 하는 일에 노력을 기울이세요. '초록 시간'이 최고의 시간입니다. 빨강 시간에는 여러분의 뇌가 일을 멈추고 쉬라고 주문할 겁니다. 공부는 당연히 초록색 시간에 해야 합니다.

쉬는 시간으로 리듬을 잡아라

커피 한 잔, 케이크 한 조각을 준비합니다. 자기만의 초록 시간에 공부를 하기 위해 책상 앞에 앉습니다. 이때 곧바로 공부를 시작하지 마세요. 운동을 하기 전에 준비운동이 필요하듯 공부를 시작하기 전에 뇌의 준비운동이 필요합니다. 10분 정도 신문을 넘기며 재미있는 기사를 찾아 읽고 나서 공부를 시작합니다. 이렇게 시작하면 천천히 리듬을 타고 오랜 시간 공부를 할 수 있게 됩니다.

쉬는 시간을 효과적으로 보내는 것도 중요합니다. 공부를 하다가 피곤하면 쉬도록 합니다. 억지로 계속하는 것은 시간 낭비입니다. 영국 총리였던 윈스턴 처칠은 전쟁 중에도 점심시간만큼은 휴식을 취했다고 합니다. 전 이스라엘 총리 이츠하크 샤미르도 낮 시간에는 낮잠을 즐겼다고 합니다.

쉬는 시간은 공부한 내용을 이해하고 기억, 저장하는 데 도움을 줍니다. 그래서 공부하는 시간 사이에 쉬는 시간을 충분히 넣어 주는 것이 좋습니다.

카페에서 빛나는 집중력

시험을 앞두고 있는 상태에서 리포트 제출도 해야 한다면 당연히 스트레스를 받을 겁니다.

"오늘 영화 보러 갈래?"

친구가 갑자기 달콤한 유혹을 하는군요. 그러면 어떤 반응이 나올까요.

"말도 안 돼! 이달에 시험이 여섯 과목 있는 데다가 세미나 리포트는 두 개를 제출해야 해. 영화고 뭐고 눈코 뜰 새 없어. 하루 종일 집에서 공부를 해도 시간이 모자라. 숨 쉴 시간이 있는 게 천만다행이라니까."

재미있는 것은, 그러고 나서 막상 공부를 할 때는 이런 말을 반복한다는 겁니다.

"몇 분만 쉬어야지. 냉장고에 가서 과일 한 개 꺼내 먹고 머리를 조금 식혀야겠어."

"친구와 5분만 이야기하고 나서 해야지."

하루 종일 집에서 조용히 앉아 공부를 하면, 엄청난 집중력과 지구력의 소유자가 아닌 이상 누구라도 좀이 쑤실 겁니다. 모든 학생이 그렇게 해야 공부가 잘되는 건 아닙니다. 저의 경우 너무 조용한 공간에서는 오히려 집중도 되지 않고 공부가 잘되지 않습니다. 그래서 어느 날은 커피를 마시면서 편안한 카페에서 공부하기로 했습니다. 어떤 학생들은 집이나 도서관처럼 조용한 곳에서만 공부가 잘된다고 하는데, 사람 나름입니다. 어떤 학생들은 비트가 있는 음악을 틀어 놓고 공부를 합니다. 또 혼자서는 공부가 안 되고 사람들로 둘러싸여 있는 곳에서 잘된다는 사람도 있습니다.

각자 효과적으로 공부하는 방법이 이렇게 다릅니다. 저의 경우 지나치게 시끄러운 음악 소리가 나거나 사람들이 큰 소리로 떠드는 곳에서는 집중해서 공부를 할 수 없습니다. 그렇다고 아무 소리도 나지 않는 쥐 죽은 듯한 곳에서 잘되는 것도 아닙니다. 적당한 소리 크기의 음악이 잔잔하게 흐르고 사람들의 목소리도 들릴락 말락 하는 편안한 카페에서 가장 효율적으로 집중해서 공부할 수 있습니다.

이 책도 카페에 앉아서 썼습니다. 저녁 시간 예루살렘에 있는 한 카페에서 에스프레소 커피를 마시면서요. 조용한 곳에서 공부하기 힘들어하는 사람들에게 카페는 집중하기 좋은 장소입니다. 집에서는 공부를 하다가 "몇 분만이야!" 하고 일어나서 돌아다니다가 다른 일을 하기 일쑤입니다. 냉장고를 뒤져서 간식을 꺼내 먹거나 15분 정도 텔레비전 프로그램을 보고 친구에게 전화를 걸어 수다를 떱니다. 카페에서는 커피를 마시면서 네댓 시간 한자리에 앉아 집중할 수 있습니다.

집에서 공부하는 게 답답하고 지겨운가요? 집 밖으로 나와 공부하기 즐거운 장소를 찾아보세요. 여러분에게 잘 맞는 장소, 효과적인 방법을 찾아 공부하세요. 도서관에서 맞은편에 앉아서 공부하는 친구가 더 효율적으로 공부하는 것처럼 보이나요? 그들은 여러분과 다릅니다. 여러분은 여러분의 방식대로 집중해서 공부하도록 하세요.

강의의 바다에서 헤엄치기

우수한 교수나 교사는 학생들의 흥미를 끌면서 재미있게 역동적으로 진행합니다. 수업을 진행하는 사람이나 수업 내용 자체가 재미없다면, 학생들은 수업이 끝나기만 기다립니다.

첫째, 수업은 흥미로워야 합니다. 재미가 있어야 수업을 하는 교수의 강의에 관심을 갖고 그중 모르는 부분에 대해 질문할 수도 있습니다.

교수의 강의도 중요하지만 학생이 강의를 제대로 듣는 것도 중요합니다. 교수와의 거리가 가까운 곳에 앉아 강의를 듣는 학생들이 강의 내용을 더 많이 알고, 기억하는 사항도 더 많습니다. 의자에 등을 붙이고 강의에 집중해 보세요. 교수님의 강의가 놀랄 만큼 재미있다면, 그때는 받아 적는 것을 멈추고 강의라는 바다에 푹 빠져 보세요. 강의를 들으면서 강의에 동참하는 겁니다. 그렇게 하면 강의 시간이 빠르게 지나갑니다. 강의가 끝날 때쯤에는, 필기를 많이 하지 않았더라도 강의를 이해하고 흡수하는 데에서 그치는 게 아니라 그 강의 전체를 기억하고 있을 겁니다.

작은 녹음기를 사서 강의를 녹음합니다. 강의 시간에 필기하느라 손이 바쁜 상태에서 강의까지 듣느라 스트레스를 받지 말고, 강의 청취에만 몰두합니다. 강의에 빠져 강의를 즐기는 것입니다. 45분 수업을 녹음하고 나면, 강의가 끝난 뒤 친구들끼리 조를 짜서 녹음한 것을 다시 듣고 필기합니다. 필기한 것을 나누어 가집니다. 이렇게 하면 45분 동안 집중해서 강의를 들을 수 있고, 강의 시간에 필기 걱정을 할 필요가 없습니다.

욀 과목과 이해할 과목

시험공부의 내용은 크게 두 가지로 나눌 수 있습니다. 많은 양의 교과 지식을 외우고 기억해야 하는 것과, 이해를 필요로 하는 것입니다. 많은 지식을 기억해야 하는 시험은 머릿속에 그 교과를 모두 넣어 두었다가 쏟아 내야 하는 경우입니다. 대부분의 시험이 이런 유형인데 특히 사회과학, 인문학, 역사, 국제학, 국제관계학 등의 강의는 확실히 기억해 두어야 할 지식의 양이 많습니다. 역사의 경우, 역사적인 사건에 대한 이해와 분석은 기본입니다. 그리고 그 역사와 관련된 사회적 배경과 사실을 연결시켜 생각하고, 그 일이 일어난 날짜를 기억해야 합니다.

지식을 달달 외우기보다는 이해하는 것에 초점을 맞추는 과목도 있는데, 이런 경우는 기억에 의존하는 부분이 상대적으로 적습니다. 이해를 특히 요하는 시험은 물리, 경제, 컴퓨터 등의 과목입니다. 이런 시험을 준비하려면 강의한 것을 제대로 이해해야만 합니다. 필기한 것을 외우려고 애쓰기보다는 요점과 핵심을 분명하게 파악하고 이해해야 합니다. 이해가 필요한 강의는 기억보다는 논리적인 사고가 중요한 것입니다.

시험이 다가오면 시험에 관련된 모든 자료를 모읍니다. 5권의 책, 10부의 논문, 20장의 요약문을 책상 위에 올려놓고 하나씩 훑어봅니다. 책을 펴서 제목을 살펴봅니다. 제목은 읽어야 할 내용이 무엇인지 미리 말해 줍니다.

공부해야 할 중요한 부분에 초점을 맞춥니다. 공부하는 방법은 경치를 보는 것과 같습니다. 사람은 보통 산꼭대기, 빨간 지붕, 강, 큰 나무 등 눈에 잘 들어오며 눈에 띄는 것들을 기억하게 되어 있습니다. 단어와 문장 하나하나를 토씨 하나 틀리지 않고 모두 기억해야 하는 것은 아닙니다. 기억은 낚시를 할 때 사용하는 그물과 같습니다. 큰 물고기는 잡히고 작은 물고기는 그물 밖으로 빠져나가는 것처럼 말입니다.

7 교사와 교수, 웅변가에게 유용한 기억법

회사원 A: 우리 사장님은 대단해. 몇 시간 동안 세상의 모든 일을 주제로 주워섬기지.

회사원 B: 그건 아무것도 아냐. 우리 사장님은 아무런 주제가 없어도 몇 시간 동안 떠든다니까.

연설을 해야 하는 사람들 가운데 90퍼센트는 관객에 대한 두려움이 있습니다. 처음에 느끼게 되는 두려움은 자신이 뭘 말해야 하는지 잊어버릴지도 모른다는 데서 시작됩니다. 수십, 수백 개의 눈이 자신을 쳐다보고 있다고 생각하면 무척 긴장이 될 겁니다.

기억하는 방법을 완벽하게 알아 기억에 의존할 수 있다면 자신감도 생기게 됩니다. 인상적인 외모의 소유자가 관객에게 전달할 사안까지 제대로 파악하고 있다면, 성공적으로 강의를 마칠 수 있을 것입니다.

필요한 준비

여러분에게 세 가지 강조할 것이 있습니다.

첫째, 고객을 설득시켜 물건을 판매한 일, 흥미를 끄는 사실, 특징 있는 사건 등 여러분이 흥미롭게 간직하고 있는 일이라면, 그 내용은 여러분 스스로 이야기하고 싶을 겁니다. 그런 일들은 자연스럽게 기억됩니다. 천신만고 끝에 어렵게 물건을 판매한 일, 네팔에 여행을 다녀온 이야기 등 여러 가지가 있지만 관객은 그렇다고 해서 모든 연설을 흥미롭게 듣지 않습니다. 그들은 자신들이 재미있어 하는 사례나 공감 가는 것, 자신들과 관계가 있는 내용만 듣습니다. 이런 관객들은 목적이 분명한 관객으로 분류됩니다.

둘째, 물건을 팔 때에는 물품에 대해 15분 정도 설명을 합니다. 8분 정도는 관객들이 집중해서 듣습니다. 강의인 경우에는 45분을 넘지 않도록 합니다. 학생들이 가장 집중하기 좋은 시간은 45분입니다. 여러분이 강의나 연설을 통해 전달하려는 중심 메시지를 서너 개 정한 뒤 가장 기억에 잘 남는 방법으로 강한 인상을 남기면서 전달해야 합니다.

셋째, 여러분이 전달할 정보를 아직 노트에 적어 두지 마세요. 그보다 먼저 다음 알려 드리는 문제에 대해 생각해 보시기 바랍니다.

- 강의 중 청중에게 첫 번째(서론)로 무엇을 말할지에 대해 생각합니다.
- 강의 중 청중에게 마지막(결론)으로 무엇을 말할지에 대해 생각합니다.
- 어떻게 강의를 진행할지 생각합니다.

서론에서 강한 메시지를 전달합니다. 결론에서는 서론에서 이야기했던 메시지를 반복합니다. 중간 부분에서는 서론과 결론 부분에서 이야기하지 않았던 모든 내용을 넣어 전달합니다. 대부분의 경우 결론은 어떤 방향으로 이야기할지 이미 결정되어 있습니다.

사람들은 어떤 이야기를 들었는지는 잘 기억하지 못하지만, 시각적인 기억은 강렬하기 때문에 외모가 인상적이면 기억도 오래갑니다. 잘생긴 교사나 교수, 세련된 영업사원을 만나면 오래 기억하고 곧 알아봅니다. 인상적인 외모는 각인되어 잊히지 않고 기억에 남습니다.

대단한 지식과 경험을 가진 전문가가 강의를 하거나, 좋은 물건을 들고 있는 영업사원이 물건에 대해 충실히 설명하더라도, 작은 목소리로 청중들을 제대로 둘러보지 못하면서 이야기하면 소용이 없습니다. 이런 사람들은 자신의 외모와 능력을 잘 파악하지 못하고 있습니다. 청중 앞에서 이야기하는 것이 힘들면, 자신감을 갖고 관객들 앞에서 말하는 연습이 필요합니다. 그리고 포인트를 강조할 부분도 생각해 두어야 합니다. 강의나 설명을 하면서 언제 보다 큰 목소리로 이야기할지, 어느 부분에 우스갯소리로 분위기를 전환할지, 언제 웃음을 터뜨리게 하며 얼마나 조용히 침묵을 지킬지, 철저하게 준비해야 합니다.

말하고 싶은 모든 것 기억하기

청중 앞에서 이야기할 내용을 절대로 일부러 외우려고 하지 마세요. 단어 한 개를 잊어버리면 다음에 이어지는 모든 이야기까지 연쇄적으로 잊어버릴 수도 있습니다. 특정 단어를 잊어버리면 안 된다는 불안감이 있는 경우, 실제로 강의를 할 때 그 단어가 떠오르지 않으면 그 뒤로 아무 얘기도 할 수 없는 일이 생깁니다. 강의 내용이나 연설, 연극 대사를 기억하기 가장 좋은 방법은, 내용 가운데 중심이 되는 단어를 찾아 그것을 연결시켜 기억하는 것입니다.

앞에서 로마식 방법으로 집의 구조를 떠올리며 기억하는 방법에 대해 얘기한 바 있습니다. 다음 로마 시대의 상인을 따라 연습해 보기로 합시다.

율리우스 막시무스는 로마 시대를 대표하는 상인이었습니다. 그의 회사 이름은 '마이크로미우스 소프티엄'이었습니다. 그가 판매하는 제품은, 검투사들과 사자가 검투장으로 들어갈 때 열리고 닫히는 커다란 유리문이었습니다. 그전까지는 크고 무거운 나무로 만든 문을 사용했는데, 이제 유리문으로 바꿔 달고자 하는 것입니다. 그래서 제품에 대한 설명을 하기 위해 다음과 같은 준비를 했습니다.

메시지: 나무로 만든 문의 시대는 끝났습니다! 미래는 창문의 시대입니다.
중심 단어: 나무로 만든 문

판매 포인트 1: 창문 MCXLLLV는 아래에서 위로 열리도록 제작되어 있습니다. 이제까지의 문은 옆으로 열리는 문이었습니다. 문이 아래에서 위로 열리는 것은 무척 혁신적인 것입니다.(빨간색 커튼이 아래에서 위로 올라가면서 열립니다.)
중심 단어: 빨간색 커튼

판매 포인트 2: 작동이 단순합니다. 문을 열 때 열 명이나 되는 건장한 노예들이 필요하지 않습니다. 창문 MCXLLLV는 두 명만으로도 열 수 있습니다. 인건비 지출 면에서 비용을 훨씬 절감할 수 있습니다.

중심 단어: 10명의 건장한 노예

판매 포인트 3: MCXLLLV 창문은 나무로 만든 문보다 가격이 저렴합니다. 창문 가격에 커튼 가격도 포함되어 있습니다. 그 밖에 장식에 드는 비용도 모두 포함되어 있습니다. 특별한 보너스 상품도 준비되어 있습니다. 2톤짜리 신경질적이고 성질 사나운 아프리카산 사자 2마리를 드립니다.

중심 단어: 동전 2개(정상 가격 대 특별 가격)

마이크로미우스 소프티엄 회사의 연혁과 회사 구조, 회사 상품 판매는 어떻게 이루어지고 있고 자본은 어느 정도인지에 대해 설명합니다.

중심 단어: 회사 상품, 검은색 줄 위에 6개의 흰색 점(회사의 다른 6개의 제품)

제품을 판매한 곳을 살펴봅니다. 콜로세움, 바로나 의회, 나폴리 문화체육관, 베네치아.

중심 단어: 4명의 고객

여기까지 설정한 중심 단어를 모두 연결시켜 문장을 만들어 봅니다.

나무로 만든 문,(나무로 만든 문의 시대는 끝났습니다. 미래는 창문의 시대입니다.) 빨간색 커튼,(아래위로 열리는 문과 옆으로 열리는 문) 10명의 건장한 노예(건장한 노예 10명이 필요하지 않습니다.) 그리고 동전 2개,(정상 가격과 특별 가격) 회사 상품(마이크로미우스 소프티엄 회사의 연혁과 판매) 검은색 줄 위에 흰색 점 6개,(6개의 다른 제품) 4명의 고객.(제품을 구입해서 사용하는 곳)

강의실 시스템

강의를 하는 공간, 즉 강의실에 중심 단어를 연결시켜 기억하는 방법이 있습니다. 프레젠테이션이나 강의를 해야 하는 강의실 또는 회의실을 둘러보고, 그곳에 있는 사물에 연결시켜 기억하는 방법입니다. 시계 방향이나 그 반대 방향으로 순서대로 연결 지어 기억합니다.

주위에 어떤 물건이 있나요? 문, 화초, 장, 텔레비전, 창문, 그림 액자, 책장, 칠판 등이 보일 것입니다. 회의실 문에 판매해야 하는 상품을 연결하여 생각해 볼 수 있습니다. 회의실 문에 나무로 만든 문을 연결합니다. 문 옆에 커다란 화초가 있는데 그것은 빨간색 커튼과 연결합니다. 화초 옆에 있는 작은 테이블을 보고, 열 명의 건장한 노예들이 온 힘을 다해 들고 있는 모습을 상상합니다. 두 개의 커다란 동전은 텔레비전에 나오는 미키 마우스의 동그랗고 큰 두 귀와 연결하여 상상합니다.

프레젠테이션을 하기 전에 주위를 돌아보고 중심 단어와 그곳에 있는 사물을 서로 연결해 봅니다. 그런데 갑자기 강의 장소라도 바뀌면 어떻게 하느냐고요? 문제없습니다. 여러분은 이미 이전 장소를 머릿속에 기억하고 있기 때문에 이전 장소를 떠올리기만 하면 됩니다. 판매를 위한 프레젠테이션을 하기 위해 로마식 기억 방법으로 돌아가도록 하겠습니다.

프레젠테이션 전날

회의실에 있는 사물에 중심 단어를 연결시켜 상상합니다. 이때 상상하는 내용은 추상적인 것이 아니라 구체적이어야 합니다. 회의실에 있는 장에 연결해야 하는 중심 단어는 '작은 테이블'입니다. 노예들이 이 작은 테이블을 공중으로 던지기를 반복하는 엉뚱한 상황을 상상합니다. 이런 상상은 무척 인상에 강하게 남아 효과가 있습니다. 프레젠테이션을 할 내용을 한 번 복습합니다. 회의실을 떠올리며 큰 소리로 연습합니다. 이야기 부분마다에 대해 각각 시간을 재면서 계속합니다. 중심 단어가 헷갈리지 않도록 연결하여 상상한 것들을 반복해서 계속 연습합니다.

프레젠테이션 당일 아침

마지막 연습을 합니다. 회의실에 들어가기 1분 전에는 무척 떨리고 긴장이 됩니다. 회의실에 들어가다가 로마 황제가 와서 앉아 있는 것을 보았습니다! 그 옆에는 황제가 타고 온 말도 서 있습니다. 너무 떨려서 아무 생각이 나지 않습니다. 황제를 바라보면서 스스로에게 이렇게 말합니다.

"황제가 말을 타고 여기까지 오셨는데 이보다 더 큰 영광은 없지!"

이렇게 생각하며 마음을 차분하게 가라앉히려고 노력합니다.

몸짓이 주는 효과

연극배우와 강사는 큰 차이점이 없습니다. 둘 모두 관객들에게 이야기(연극, 강의)를 전달하고 관객 앞에서 극을 이끌어 갑니다. 그들은 목소리를 높일 때, 웃어야 할 때, 이야기를 멈추고 잠시 기다려야 할 때, 손을 움직여야 할 때를 잘 기억하면서 진행합니다. 연극배우는 이야기하는 자세나 손놀림, 시원스럽게 웃는 소리, 가슴속에서 터져 나오는 울음소리 등을 자연스럽게 구사할 수 있습니다. 하지만 강사들이 정말로 연극배우들처럼 연기를 하면 너무 과장되어 보이거나 인위적인 모습으로 보여 신뢰를 주지 못할 수도 있으니 주의해야 합니다. 그렇다고 해서 이런 몸짓이나 감정 표현이 아예 없어도 그 강의는 자칫 지루해질 수 있습니다.

　행정학을 가르치는 강사가 강의를 하다가 웃기 시작해서 웃음을 멈추지 못한다거나, 경제학 강사가 수요와 공급의 균형에 대해 강의하다가 울먹여서 학생들이 강사를 진정시켜야 하는 상황이라면 이것은 무엇인가 잘못된 것이고 좀 지나치다는 생각이 들 겁니다. 작가 마크 트웨인은 자연스러운 강의를 10분 동안 하기 위해서는 최소한 3시간에 걸쳐 준비를 해야 한다고 말했습니다. 목소리의 높낮이, 표정, 몸짓 모두 철저하게 준비해야 한다는 것입니다. 우리는 연극배우가 아니기 때문에 목소리나 표정, 몸짓까지 철저하게 준비할 필요는 없습니다. 그렇지만 특별히 목소리가 작은 경우는 몸짓을 조금 크게 하거나 우스갯소리를 곁들일 수 있고, 이야기가 끝날 무렵 의문문을 써서 강의 설명을 확실하게 전할 수도 있습니다. 예를 들면, "창문을 여는 데 두 사람만 필요합니다. 놀랍지 않습니까?"라고 동의를 구하는 식으로 말입니다.

　어떤 몸짓을 어느 때 적재적소에 배치할지, 그 전략을 사물에 연결시켜 기억하기도 합니다.

스피커: 목소리를 크게 하는 것에 연결시킵니다.

전깃불: 좋은 아이디어에 연결시킵니다.

STOP이라고 적힌 큰 버튼: 4초 정도 쉬는 시간을 줍니다.

노란색 스마일 아이콘: 강의하는 내용에 관련된 재미있는 이야기를 합니다.

이렇게 준비를 하면 저의 경우 주제와 연결된 하나의 중심 단어로 10분 동안 강의를 할 수도 있습니다. 특별히 중요한 주제는 2분의 강의에 5개의 중심 단어를 활용하기도 합니다. 여러 개의 중심 단어를 기억하지 못할지도 모른다는 불안감이 들 수도 있지만, 반복해서 연습을 하면 강의가 끝날 때쯤 중심 단어를 기억하고 있을 뿐만 아니라 그것이 완전히 몸에 배어 있다는 것을 느끼게 될 것입니다.

8 외국어 단어 기억하는 법

젊은 남자가 슈퍼마켓에서 계산대로 다가가 판매원에게 물었습니다.

"실례지만 영어 할 줄 아세요?"

"네."

판매원이 대답하자 남자가 주문합니다.

"말보로."

말보로를 영어라고 보기는 무리가 있습니다. 널리 알려진 담배 회사의 제품 이름이라는 이미지가 더 강하기 때문입니다.

우리는 생활 속에서 외국어를 무척 많이 사용하고 있습니다. 예를 들어 텔레비전, 슈퍼마켓, 요구르트, 케첩 등 모두 외국어입니다. 이런 단어는 적당하게 우리말로 바꾸어 쓸 수 있는 단어가 없습니다. 어떤 단어는 사람의 이름에서 유래된 것도 있습니다. 니코틴은 포르투갈 주재 프랑스 대사였던 장 니코트(Jean Nicot)의 이름에서 유래되었습니다. 담배업에 종사했던 사람이죠.

언어를 배우는 데 가장 좋은 방법은, 배우려는 언어를 쓰는 나라에 살면서 생활 속에서 매일 그 언어를 듣고 말하는 것입니다. 그렇지만 언어를 배우는 사람들이 모두 그 방법을 쓸 수 없기 때문에, 대신 언어를 기억하는 방법을 쓰는 것입니다.

포기하는 사람과 의지가 있는 사람

'난 언어에 재주가 없어.'라고 생각하는 사람들이 있습니다. 이런 사람들도 외국에 가서 몇 년 동안 외국어를 공부하면 그 나라 언어로 듣고 말하게 됩니다. 재주가 있고 없고의 문제가 아니라 외국어를 배우려는 의지가 있느냐 없느냐의 문제입니다.

영어를 배울 때 어렵게 느껴지는 것 중의 하나는 씌어 있는 그대로 단어를 발음하지 않는다는 데에 있습니다. 'Wednesday'의 경우 '웨드니스데이'라고 발음하지 않고 '웬즈데이'라고 합니다. 한국어의 경우에도 육계장과 육개장, 김치찌개와 김치찌게 등 어떤 것이 맞는지 몰라서 틀리게 쓰는 경우가 많습니다.

단어를 기억하기 위해서는 첫째 그 단어의 의미를 분명하게 알아야 합니다. 그리고 매일 단어를 익히는 습관을 들여야 합니다.

단어를 익힌 후에는 생활 속에서 계속 그 단어를 직접 사용하는 연습을 합니다. 새롭게 배운 단어를 넣어서 문장을 만들어 익히도록 합니다. 친구와 대화를 할 때도 배운 단어를 넣어가며 이야기해 보는 것이 좋습니다. 언어는 살아 있어야 합니다. 그래서 가능한 한 여러 방법으로 한번 배운 단어는 완벽하게 기억하도록 노력해야 합니다.

닮은꼴 단어

각국의 언어는 그 나라의 문화와 밀접한 관계가 있기 때문에 종종 다른 나라 언어로 번역할 수 없는 단어도 있습니다. 에스키모의 말로 '눈' 이라는 단어는 일곱 개가 있습니다. 에스키모들만 의미가 조금씩 다른 일곱 개의 '눈'이라는 단어를 구별할 수 있습니다. '모래'라는 단어는 에스키모의 말로 번역할 수 없습니다. 그들이 쓰는 말에는 '모래'라는 단어가 없기 때문입니다. 눈부시게 흰 눈 속에서 추위에 적응하며 사는 사람들에게, 모래에 대한 개념이 제대로 서 있기란 힘든 일입니다.

이스라엘에서 가장 널리 쓰이는 외국어는 영어입니다. 영어는 라틴어, 그리스어, 불어, 독일어와 연관이 많습니다. 유럽 지역의 언어와 영어가 어떻게 비슷하게 쓰이는지 살펴보도록 합시다.

불어로 livre는 책입니다. 영어에도 livre와 비슷한 단어가 있을까요? library라는 단어와 비슷하게 생기지 않았습니까? library는 영어로 '도서관'이란 뜻이고 libre는 불어로 '책'이라는 뜻이므로 서로 연관이 있다고 봅니다.

한편 독일어로 licht는 '빛'이라는 뜻이고 영어로 빛이라는 단어는 light입니다. 두 단어가 서로 비슷하다는 것을 쉽게 알 수 있습니다. 독일어로 haus는 무슨 뜻일까요? 영어로 쉽게 추측할 수 있습니다. 영어로는 house입니다.

영어 단어를 살펴보면 단어의 앞부분과 뒷부분에 그 단어의 뜻을 포함하고 있는 경우가 많습니다. 다음의 단어는 trans라는 단어가 붙는 경우입니다. Trans Siberian Railroad(시베리아 횡단철도), Trans Athlantic(대서양 횡단의). trans의 뜻은 '횡단'입니다. disconnect와 discover에 공통적으로 보이는 dis는 'no(아니다)', 또는 '분리'라는 뜻이 들어 있습니다.

connected: 이어진
disconnected: 끊어진
cover: 덮다, 씌우다, 싸다
discover: 발견하다, 나타내다, 밝히다

단어의 철자를 정확하게 기억하는 법

단어를 쓰는 데 틀리지 않으려면 철자를 정확하게 알고 있어야 합니다. community나 necessary와 같은 단어는 m이 한 개인지 s가 한 개인지 혼동될 때가 있습니다. friend라는 단어는 i와 e의 순서를 바꿔 쓰는 경우가 있습니다. i와 e의 순서를 옳게 기억하기 위해 사소한 예를 들어 보겠습니다. 친구 가운데 이름이 이타마르라는 친구가 있다면, 'Friends of Itamar'와 같은 식으로 기억합니다. 이타마르라는 이름에서 I는, i가 friend의 철자에서 먼저 온다는 것을 기억하는 겁니다.

piece(조각)라는 단어도 i가 먼저이고 e가 다음에 옵니다. i, e의 순서를 기억하기 위해 'Piece of Pie'로 기억합니다. conceal(감추다)이라는 단어를 기억하기 위해 'The elephant conceals the ant.'(코끼리가 개미를 감춘다)와 같은 문장을 만들어 두면 e, a의 순서를 분명히 기억할 수 있습니다.

occasionally(이따금, 가끔)와 necessary(필요한)라는 단어의 철자를 살펴보도록 합시다. occasionally는 cc, s 이런 순서를 가지고 necessary는 c, ss의 순서를 가집니다. 이런 것들이 뜻밖에 은근히 헷갈리는 부분입니다. occasionally를 문장에 넣어 올바른 철자를 기억해 볼까요?

"Occasionally, I drink 100cc of soda per day."(나는 가끔 하루에 100시시의 소다수를 마십니다.)

9 얼굴과 이름을 함께 기억하는 법

"어디선가 뵌 적이 있는 것 같은데……."

아마도 여러분은 이런 난처한 경우를 많이 겪어 보았거나 들어 보았을 것입니다.

"이름이 뭐였더라? 다시 한 번 말씀해 주시겠어요?"

"이름은 기억이 나는데 얼굴은 도무지 생각이 나지 않는군요."

우리는 모두 부모님께서 주신 이름을 사용하면서 주변 사람들이 우리의 이름을 기억해 주는 것을 기쁘게 생각합니다.

이름은 발음하기 쉽고 부르기 좋아야 합니다. 유명인들 중에는 원래 이름이 발음하기 어렵거나 특징이 분명치 않아서 바꾼 사람들이 많습니다.

본명	유명한 예명
노마 진 베이커	마릴린 먼로
고든 매튜 섬너	스팅
이오셉 주가슈빌리	스탈린
케시어스 클레이	무하마드 알리
마이클 섈후브	오마 샤리프

「배트맨」 등에 출연한 마이클 키튼이라는 예명을 사용하는 영화배우도 어려서 사용했던 본명인 마이클 더글러스로 할리우드에서 그다지 빛을 보지 못했습니다. 그는 마이클 키튼이라는 이름으로 할리우드의 유명한 스타가 되었습니다.

우리는 매일 새로운 사람들을 만납니다. 그들의 이름을 기억하는 경우도 있지만, 별로 중요하지 않다고 생각하고 지나쳐 잊어버리기도 합니다. 그러나 입장을 바꿔 놓고 생각해 보면, 누구나 자신의 이름을 기억해 줄 때 기뻐합니다. 하물며 사람을 상대로 하는 사업가나 영업직 종사자는 고객의 이름과 얼굴을 빨리 기억하는 것이 필수입니다.

영국에 있는 고급 호텔에서 한 청년이 벨 보이로 일했습니다. 그는 그 호텔에 오는 단골손님들의 이름을 기억하고 공손히 그들의 이름을 부르면서 인사를 하곤 했습니다. 단골손님들은 자신을 기억해 주는 친절한 벨 보이에게 후한 팁을 주었습니다. 그 청년은 후에 외교관, 총리로 일할 때도 이 방법을 썼습니다. 그 청년의 이름은 벤저민 디즈레일리(1804~1881, 영국의 정치가이자 소설가 - 옮긴이)였습니다.

이름을 기억하는 것은 중요한 재산입니다. 군대에서 지휘관이 모든 군인들의 이름을 기억하고 불러 주면 군인들에게는 강한 동기 부여가 되어 주어진 일을 열심히, 성공적으로 마치려고 노력할 것입니다. 또한 각 개인의 이름을 불러 주면 군인들은 각자 완전한 인격체로 인정받는 느낌이 들 것입니다. 사업을 하는 경우 고객들의 이름을 기억하면 고객들은 그 회사를 친근하게 생각합니다. 그 친근감 때문에 물건을 구입하고 나서 앞으로도 다시 그 회사의 물건을 구입하겠다고 마음먹을 수도 있습니다. 향상시키고 싶은 기억력의 분야에 대해 많은 사람들과 이야기를 나누어 보니, 타인의 얼굴과 이름을 함께 기억하는 것이 가장 필요하다고 답했습니다.

모니, 만나서 반갑습니다

엘비스 프레슬리의 사진을 보면서 이야기를 나누면, 우리는 그가 누구인지 알고 있기 때문에 그에 대한 일화를 쉽게 이해하고 기억하게 됩니다. 사람들은 대체로 유명인들에게 관심이 많기 때문입니다. 그렇기 때문에 오늘도 기자들은 인기인이나 유명인들의 사생활을 파헤쳐서 기사로 싣는 것입니다.

큰 관심과 강한 욕구는 기억력의 밑바탕입니다. 그래서 사람들을 잘 기억하고 싶으면 사람들에 대해 관심을 갖도록 해야 합니다. 만나는 사람의 얼굴과 이름을 기억하기 위해서는, 처음 만날 때부터 그것을 반드시 기억하겠다고 마음먹어야 합니다. 편안하게 인사를 나누면서 그 사람의 특징을 관찰합니다. 이름에 관심을 가지면 이미 절반은 이름을 기억한 것과 같습니다. 이름을 제대로 듣지 못했거나 확실하지 않을 때는 다시 물어봅니다. 미안하게 생각할 필요 없습니다. 오히려 그 반대입니다. 상대방은 여러분이 그의 이름에 관심을 갖고 알고 싶어 하는 것에 대해 좋은 인상을 가질 것입니다. 그보다 더 자연스럽고 좋은 방법은 명함을 주고받는 것입니다.

이렇게 첫 만남에서 상대방의 이름을 확실하게 기억하고 난 후 대화 속에서 그의 이름을 부르면 상대방은 금방 여러분과 친해질 것입니다. 상대가 여러분의 의견에 관심을 갖고 이렇게 말하기까지 그다지 긴 시간이 걸리지 않게 되겠지요.

"모니, 저도 당신 생각에 동의합니다."

사람과 이름 연결시키기

사람들을 만날 때마다 여러분의 시선을 끄는 특징이 있는지 잘 관찰합니다. 옷차림이나 외모가 눈에 띄는지 관심을 갖고 살펴봅니다.

얼굴	크다, 작다, 동그라미, 네모, 세모
이마	좁다, 넓다
머리카락	검정색, 흰색, 붉은색, 밤색, 길다, 짧다, 구불거림, 직모, 가리마가 중간에 있다, 한쪽에 치우쳐 있다
눈	작다, 크다, 푸른색, 밤색, 양미간이 좁다, 넓다
코	작다, 크다, 매부리코, 콧구멍이 크다, 작다
귀	작다, 크다, 부채처럼 펼쳐져 있다, 오목한 모양이다.
입술	두껍다, 얇다, 넓다, 좁다
피부	피부색이 진하다, 연하다, 매끄럽다, 거칠다, 지성, 건성, 주름살이 있다, 주근깨가 있다
몸	키가 크다, 작다, 말랐다, 뚱뚱하다, 체격이 크다, 체격이 왜소하다

사진을 보면서 몇 사람들의 이름과 얼굴을 함께 기억해 보도록 하겠습니다.

친구들의 모임에 갔습니다. 친구의 집은 사람들의 웃음소리와 이야기 소리로 가득합니다. 처음 보는 새로운 얼굴들도 눈에 띕니다. 친구 부부가 다가와서 인사를 나누고 음료수를 건넵니다. 음료수를 마시면서 빈자리를 찾아 앉습니다.
"안녕하세요. 저는 야엘이에요."
옆자리에 앉아 있던 젊은 여성이 자신을 소개합니다. 고개를 돌려 그녀를 보면서 인사를 합니다. 이제 악수를 청할 차례.
"만나서 반갑습니다."
이때 한마디 확인.
"죄송합니다. 이름을 잘 듣지 못했는데 뭐라고 하셨나요?"

"야엘이에요."

이름을 두 번째로 듣는 순간, 기억해야겠다고 생각합니다. 야엘은 히브리어로 '사슴'이라는 뜻입니다. 그녀를 쳐다보면서 머리에 작은 뿔이 있는 사슴을 떠올립니다. 그녀의 푸른색 눈도 시선을 끕니다. 그녀의 이름 야엘과 함께 사슴의 뿔, 푸른 눈을 기억합니다.

이번에는 먼저 인사를 하며 말을 건넵니다.

"만나서 반갑습니다. 로니라고 합니다."

음료수를 마시던 여성이 나를 돌아보면서 말합니다.

"제 이름은 니라예요."

'니라'라는 이름을 듣는 순간 '니야르', 즉 히브리어로 '종이'

라는 단어가 떠오릅니다. 그녀가 목에 두르고 있는 스카프도 눈에 띄는군요. 이 스카프가 종이로 만들어진 것이라고 상상하면 어떨까요. '종이로 만든 스카프, 니라' 라고 기억하는 것입니다.

사진 속의 남자는 기브온 씨입니다. 기브온 씨의 이름을 '기브올'로 바꾸어 기억합니다. 기브올은 히브리어로 '줄기'라는 뜻입니다. 사진을 보면서 여러분의 시선을 끄는 것이 무엇인지 살펴봅니다. 넥타이가 눈에 띄는군요. 줄기(기브올)를 넥타이와 관련지어 생각합니다. 기브온 씨가 기브올(줄기)을 넥타이에 붙인다고 상상합니다. 시간이 지나면 줄기가 넥타이에 말라붙게 됩니다. 줄기를 넥타이에서 조심스럽게 뜯어내면, 그곳에 줄기 자국이 남게 되겠지요.

사진 속의 청년은 샤하르입니다. 샤하르라는 이름은 샤호르로 바꾸어 기억합니다. 샤호르는 히브리어로 '검정색'이라는 뜻입니다. 그는 검정색 티셔츠를 입고 있습니다. 그의 이름 샤하르와 샤호르(검정색)는 발음도 비슷하고, 검정색 티셔츠 덕분에 쉽게 기억할 수 있습니다.

사진 속의 청년 이름은 마크. 그는 외국에서 온 손님입니다. 마크는 '마라크'(히브리어로 국, 수프)라는 단어로 바꾸어 기억합니다. 마크가 쓰고 있는 커다랗고 둥근 안경은 그의 얼굴에서 크게 눈에 띄는 부분입니다. 안경이 유난히 큰 이유를 상상해 봅니다. 토마토 수프에 안경을 떨어뜨려 끓였더니 안경 렌즈와 안경테가 늘어나서 그렇게 커진 것입니다. 안경에 토마토 수프가 묻어 있는 모습을 상상합니다. 안경 렌즈에 토마토 수프 국물이 묻어서 선글라스처럼 보이는, 조금 우스꽝스러운 모습을 떠올려도 좋습니다. 토마토 수프, 마크.

이런 방법으로 한 번에 50명을 기억할 수 있을까요? 네, 할 수 있습니다. 기억력은 자기 자신에 대한 신뢰와 의지가 중요합니다. 하버드대학교 총장을 지낸 찰스 엘리엇도 이런 방법으로 2만 명이나 되는 학생들의 이름을 모두 기억했습니다. 어떻게 이런 우습고도 유치해 보이는 방법으로 기억을 잘할 수 있는 걸까요?

우리는 나이에 관계없이 때로 아이들처럼 유치한 상상을 즐길 때가 있습니다. 그 외에도 여러 가지 다양한 생각을 합니다. 어린애 같은 생각, 이상한 생각, 뒤틀린 생각, 환상이나 꿈 생각도 합니다. 이런 생각이 우리의 기억을 도와줍니다.

오늘 처음 만난 사람들의 이름을 메모합니다. 그들의 이름과 특징, 만난 장소, 이야기 나눈 내용, 상대방이 했던 이야기 중 재미있었던 내용 등을 적어 놓습니다. 그리고 난 뒤 그 메모를 보면서, 그 사람을 다른 장소나 상황에서 만났다고 상상합니다. 친구의 파티에서 만났던 스카프를 두른 니라의 예를 들어 봅시다. 니라가 스카프를 두르지 않고 다른 옷을 입고 광장을 걸어가는 모습을 상상합니다. 니라가 자동차를 타고 가면서 나를 향해 손을 흔드는 모습을 상상합니다. 니라가 짧은 여름옷을 입고 선글라스를 쓰고 해변가에 서 있는 모습을 상상합니다. 이렇게 한 사람에 대응한 여러 모습의 니라를 상상하면 기억에 오래 남아, 다음번에 다시 그녀를 만났을 때라도 즉시 알아

보게 됩니다.

  친구들의 모임이나 결혼식, 파티를 비롯한 모든 사회적인 모임을 가질 때 옛날에 만났던 사람들을 다시 만나게 되는 경우가 있습니다. 이때를 대비해서 한번 만났던 사람들의 얼굴과 이름, 그들의 모습과 특징을 잘 기억해 둡니다. 사람들에게 관심을 갖고, 그들의 얼굴과 이름을 이와 같은 상상력을 활용하여 기억하세요. 놀라울 정도로 오랫동안 그들에 대한 기억이 지속될 것입니다.

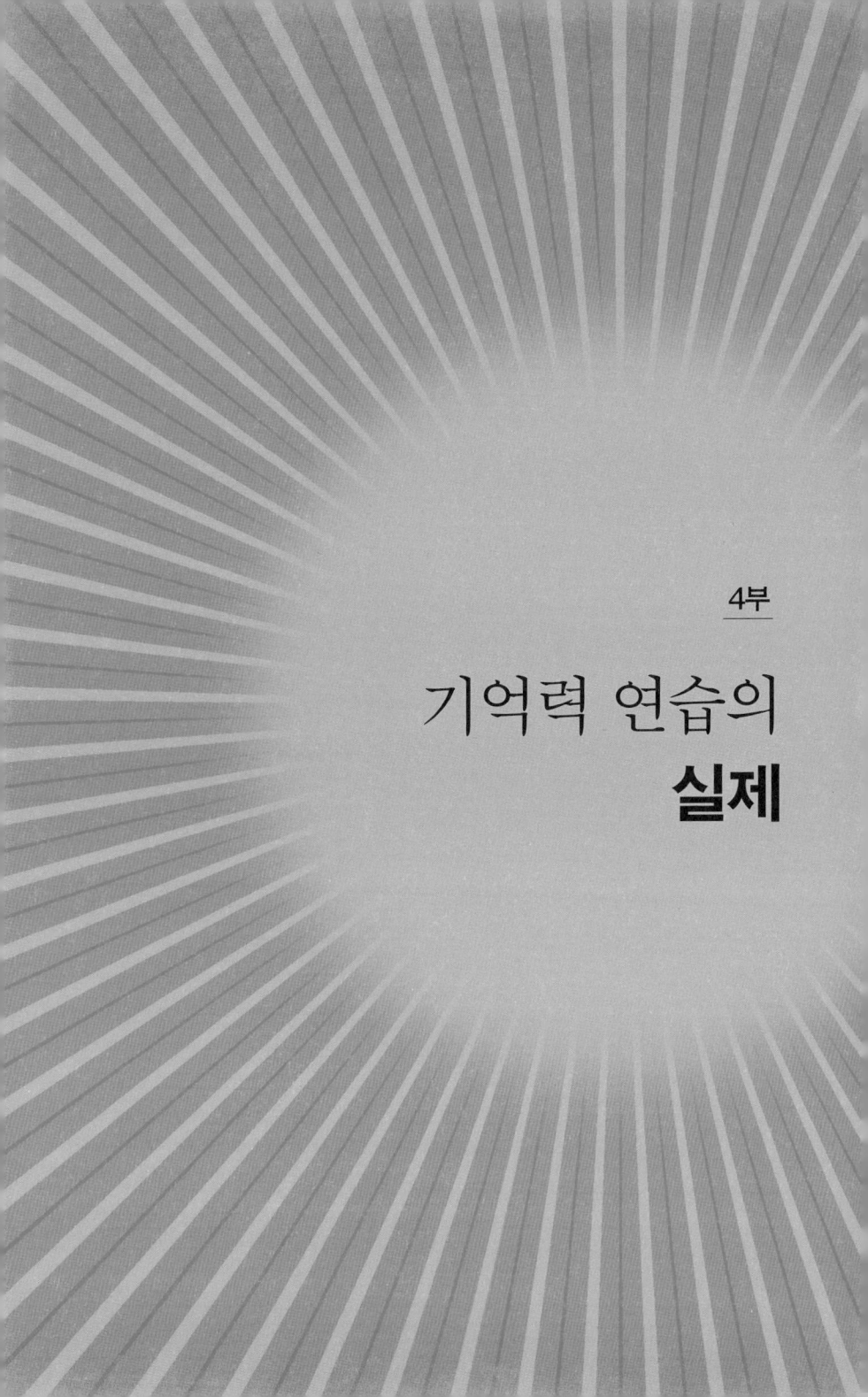

4부

기억력 연습의 실제

1 숫자에 맞추어 단어 기억하기

1번부터 100번까지 번호에 맞추어 단어를 한 개씩 씁니다. 그리고 나서 그 숫자와 단어를 함께 불러 달라고 부탁합니다. 이때 중요한 것은, 꼭 한 번만 읽어 달라고 해야 합니다. 한 번 듣고 나서 1번부터 100번까지 적어 둔 단어를 모두 기억하는 것입니다. 대단한 일이 될 것 같지요?

우선 여기에서는 1번부터 20번까지 단어를 쓰고 기억하는 연습을 해 보기로 하겠습니다.

1. 콜라 병
2. 베개
3. 말

4. 시계

5. 지폐

6. 카메라

7. 윗도리

8. 청소기

9. 밧줄

10. 샴푸

11. 물고기

12. 방망이

13. 꽃

14. 문

15. 지도

16. 고양이

17. 의자

18. 냉장고

19. 장롱

20. 머리빗

번호에 연결된 단어는 각각 재미있는 상상을 통해 기억합니다. 기억합니다. 1번 단어 콜라 병은 나뭇잎과 연결하여 기억하는 것입니다. 코카콜라 회사에서 나뭇잎으로 된 새로운 콜라 병을 만든다고 상상합니다. 2번 단어 베개를 거품과 연결합니다. 거품이 들어 있는 베개를 베고 누워 있다고 상상합니다. 3번 단어 말을 핸들과 연결시킵니다. 말에 고삐 대신 핸들이 있다고 상상합니다. 4번 단어 시계는 글라이더에 연결합니다. 시계에 글라이더가 달려 있어서 바닥으로 떨어지는 순간 위로 날아오른다고 상상합니다. 9번 단어는 밧줄입니다. 마술을 하듯 입에서 밧줄이 계속해서 나온다고 상상합니다. 13번 단어 꽃은 아이들의 장난감 레고에 연결합니다. 정원에 피어 있는 꽃이 레고로 만들어져 있다고 상상합니다. 예로 들지 않은 번호의 단어도 각각 여러분이 떠올릴 수 있는 최대한 재미있는 상상을 해 보시기 바랍니다.

　이런 방법으로 단어를 기억하고 나서 여러분의 기억을 확인하는 사람에게 번호를 부르라고 합니다. 여러분은 번호를 듣고 나서 그 번호에 적혀 있는 단어를 말합니다. 번호 '9'를 부르면 9번에 연결한 '입'이라는 단어를 떠올립니다. 입과 연결되는 단어는 밧줄입니다. 번호 '2'와 연결된 단어는 거품입니다. 거품은 베개 속에 들어 있습니다. 번호 '13'은 레고입니다. 레고로 만들어진 것은 꽃입니다.

　이렇게 연습을 하면 오래지 않아 한 번에 100개 또는 그 이상의 단어를 기억할 수 있습니다. 단어가 적혀 있는 목록을 읽으면서 번호에 연결시킬 단어를 생각합니다. 단어가 떠오르면

번호에 적혀 있는 원래의 단어와 연결시켜 상상합니다. 이들 단어를 연결하여 상상할 때는, 그 상상의 장면이 우스꽝스럽고 이상하게 보여서 인상에 강하게 남아야 합니다.

2 카드 기억하기

일반적인 트럼프 카드 한 묶음이 있습니다. 친구에게 잘 섞어서 한 장씩 보여 달라고 부탁합니다. 카드를 모두 보고 나서 본 순서대로 첫 번째 카드부터 마지막 카드까지 카드의 그림과 숫자를 친구에게 말하는 연습입니다. 익숙해지면 중간부터 시작해서 마지막 카드까지 말하거나 순서를 거꾸로 말하는 등 심화 연습을 할 수 있습니다. 여러 장의 카드 중 한 장을 뽑은 후 그다음 카드부터 알아맞히기도 합니다.

카드에는 네 종류의 그림이 있습니다. 스페이드, 하트, 클로버, 다이아몬드. 각각의 모양을 다음과 같이 줄여서 기억합니다.

스페이드: ㅅ

하트: ㅎ

클로버: ㅋ

다이아몬드: ㄷ

또 각각의 끗수는 다음과 같이 지정합니다.

A	2	3	4	5	6	7	8	9	10	잭	퀸	킹
ㄱ	ㄴ	ㄷ	ㄹ	ㅁ	ㅂ	ㅅ	ㅇ	ㅈ	ㅊ	ㅋ	ㅌ	ㅍ

이것은 예시를 든 것이기 때문에 더욱 편한 방법이 있다면 다른 지정을 해도 좋습니다.

카드를 보고 나서는 그 카드를 단어로 바꾸어 기억합니다. 예를 들어 클로버 4라면 'ㅋ, ㄹ'로 기억할 수 있습니다. 클로버는 ㅋ으로 나타내고 숫자 4는 한글의 네 번째 자음인 'ㄹ'로 나타낸 것입니다. 이 자음들 중간에는 모음으로 연결하여 단어를 만듭니다. 그렇게 해서 만들어진 단어가 '칼'입니다. 클로버 4는 칼로 기억합니다. 다이아몬드 8은 'ㄷ, ㅇ'입니다. 역시 다이아몬드의 'ㄷ'과 한글의 여덟 번째 자음인 'ㅇ'입니다. 모음을 사용해서 이를 '두유'라는 단어로 만듭니다. 하트 에이스는 'ㅎ, ㄱ'으로 나타냅니다. 하트 에이스는 '학'입니다. 하트 에이스의 하트 그림이 하나인 것과 학이 한 마리 날아가는 것을 연결하여 기억합니다. 다이아몬드 3은 '도둑'과 같은 인상적인 단어를 만들 수 있겠군요.

카드 그림에서 잭은 'ㅋ'으로 나타내고, 여왕 즉 퀸은 'ㅌ'으로 나타냅니다. 왕 즉 킹은 'ㅍ'으로 기억합니다. 하트 잭은 'ㅎ, ㅋ'으로 '하키'라는 단어를 만들 수 있고, 스페이드 퀸은 'ㅅ, ㅌ'으로 '사탕'을, 클로버 킹은 'ㅋ, ㅍ'으로 '쿠폰'이라는 단어를 만들어 봅니다. 이런 방법으로 카드 첫 장부터 끝 장까지 단어로 바꾸어 기억의 연결 고리를 만들 수 있습니다.

다음에 제시한 카드를 단어로 바꾸어 기억하는 연습을 하겠습니다.

친구가 뽑아 준 카드는 다이아몬드 4, 하트 5, 클로버 잭, 스페이드 에이스, 하트 퀸입니다. 이들을 단어로 바꾸어 볼까요.

다이아몬드 4	ㄷ, ㄹ	도랑
하트 5	ㅎ, ㅁ	호미
클로버 잭	ㅋ, ㅋ	카키
스페이드 에이스	ㅅ, ㄱ	수국
하트 퀸	ㅎ, ㅌ	해태

풍부한 상상력으로 이 단어를 모두 연결해서 하나의 이야기

로 만듭니다. 도랑을 건너려는데 물살이 세서 호미를 쥐고 간신히 헤쳐나온 사람이, 카키색 수국을 발견하여 그것을 꺾어다가 상상의 동물인 해태에게 바치는 장면을 떠올리면 어떨까요.

이와 같은 연습을 하다 보면 처음에는 이야기를 만드는 데만도 시간이 걸리겠다고 생각할 수 있습니다. 그러나 익숙해질수록 카드를 한 장씩 기억하는 것보다 손쉽고 기억에도 오래 남을 것입니다.

맺으며
잊어버리기가 더 어려워지는 그날을 위해

"아내의 기억력은 정말 끔찍해."
"어떤데 그래?"
"하나도 빠짐없이 모든 걸 다 기억해."

기억력이 뛰어나면 필요한 사실이나 사건을 확실하게 기억해야 할 때 큰 도움이 됩니다. 매일 읽는 신문 기사를 모두 기억해야 할 필요는 없습니다. 우리가 책을 읽는 것도 재미가 있어서 읽는 것이지 그것을 모두 기억하기 위해서는 아닙니다.
사무실에서 일하는 비서들은 상사들의 일정을 기억하고 있다가 상사들에게 알려 줍니다. 비서가 있기 때문에 상사들은 자신의 하루 일정을 전혀 기억하지 못할까요? 그렇지 않습니다.

자신에게 꼭 필요한 일이기 때문에 몇 시에 어디에 가야 하는지 알고 있습니다.

변호사들은 재판과 관련된 사례 및 증거를 빠짐없이 기억해야만 합니다. 재판 도중에 계속해서 서류를 들여다보며 말한다면 그의 변호에 신뢰가 가지 않을 것입니다. 외과 의사가 수술 도중 책을 펴서 인체 구조를 확인하며 수술을 한다고 생각해 보세요. 등골이 오싹해집니다.

"이리 와서 보세요. 심장을 오른쪽으로 움직여야 합니다…… 아니, 잠깐만, 왼쪽이군요."

사람들의 이름을 잘 기억하는 사람들은 대부분 사람들에게 관심이 많고 사람에 대한 애정이 있습니다.

서둘러 집을 나서는데 자동차 열쇠가 보이지 않습니다.

"아니, 이거 어떻게 된 거야? 조금 전까지 내가 손에 들고 서 있었는데."

이런 생각을 하면서 15분 정도 집안 구석구석을 찾아봅니다.

"대체 어디로 사라진 거야? 열쇠에 발이라도 달렸나?"

약속 시간에 늦었는데 아무리 찾아도 열쇠가 보이지 않으면 여러분은 어떻게 하시나요?

여러분은 다음의 두 가지 중 선택할 수 있습니다. 어떤 것을 선택할지 생각해 보세요.

첫째, 강의가 끝난 책을 덮어서 책장에 꽂아 둡니다.

시간이 지나 그 책을 다시 펴 보면, 배우긴 했는데 그게 뭐였는지 제대로 생각이 나질 않습니다.

둘째, 강의가 끝났어도 책을 펴서 배운 내용을 요약해 봅니다.

단순하고 쉬운 것부터 실천하기 시작합니다. 한 걸음씩 기억력을 증진시키는 연습을 하면서 자신의 기억력이 날마다 조금씩 나아지고 있다는 것을 느끼게 될 것입니다.

다시 한 번 말씀드립니다.

여러분은 마음만 먹는다면 무엇이든지 기억할 수 있습니다. 기억해야 하는 일정이나 목록을 수첩에 적지 말고 머리로 기억하려고 노력해 보세요. 여러분 모두 성공하기를 바랍니다. 다음 기회에는 '잊어버리는 방법'을 알려 주는 책에서 만나 뵈었으면 합니다.

옮긴이 | 박미영

이스라엘 히브리 대학교 교육대학원 석사를 마치고 주한 이스라엘 대사관 행정관, 이스라엘 교육문화원 원장을 지냈다. 건국대학교 히브리학과에서 강의했으며 현재는 건국대학교 교육공학과 강사로 출강 중이다. 저서로 『유태인 부모는 이렇게 가르친다』가 있으며 『천재가 된 제롬』, 『새 친구가 이사 왔어요』, 『다섯 개의 풍선』, 『신기한 요술씨앗』 등을 우리말로 옮겼다. 『한국인의 사랑』에서 한국 시를 히브리어로 공동 번역했다.

슈퍼 기억력의 비밀

1판 1쇄 펴냄 2008년 4월 25일
1판 18쇄 펴냄 2018년 7월 26일

지은이 | 에란 카츠
옮긴이 | 박미영
발행인 | 박근섭
펴낸곳 | ㈜민음인

출판등록 | 2009. 10. 8 (제2009-000273호)
주소 | 135-887 서울 강남구 신사동 506 강남출판문화센터 5층
전화 | 영업부 515-2000 편집부 3446-8774 팩시밀리 515-2007
홈페이지 | minumin.minumsa.com

도서 파본 등의 이유로 반송이 필요할 경우에는 구매처에서 교환하시고 출판사 교환이 필요할 경우에는 아래 주소로 반송 사유를 적어 도서와 함께 보내주세요.
06027 서울 강남구 도산대로 1길 62 강남출판문화센터 6층 민음인 마케팅부

한국어판 ⓒ 황금가지, 2008. Printed in Seoul, Korea
ISBN 978-89-6017-054-4 03320